【典藏】

厦 门 文 史 丛 书

中国人民政治协商会议
福建省厦门市委员会 编

洪卜仁 靳维柏 主编

厦门传统村落

厦门大学出版社

《厦门文史丛书》编委会

- ■顾　问　张　健　钟兴国　卢士钢　江曙霞　潘世建　魏　刚
  　　　　　陈昌生　黄世忠　高玉顺　黄培强　黄学惠
- ■主　任　魏　刚
- ■副主任　张仁苇
- ■主　编　洪卜仁
- ■编　委　徐文东　傅兴星　王秀玉

《厦门传统村落》编写组

- ■主　编　洪卜仁　靳维柏
- ■编　辑　（按姓氏拼音字母为序）
  　　　　　陈海生　陈　文　洪旗寅　洪水乾　黄国富
  　　　　　赖建泓　廖艺聪　林福全　王　蒙　许耿瀚
  　　　　　郑宝珍　郑　东　郑滢君

【前言】

当我们用探寻的目光搜索厦门这座美丽城市的历史，便会发现，它是中国近代史上中西文化交流与碰撞的前沿，中国现代化的先锋。这里发生的许多事件，涌现的许多人物，留下的许多建筑，都具有史诗性，意义独特，底蕴深刻。伴随着厦门的快速发展，老城区的改造，人们在分享改革开放成果的同时，强烈地意识到：若不加以细心呵护，我们的城市，将渐渐失去它的历史与文化记忆。如何找寻合适的载体，延续对厦门历史文脉的传承，是今人树立文化自信，在传承中弘扬传统的应有作为，也是政协文史工作者面临的课题。征编《厦门传统村落》，就是我们做出的一份努力。

自晋太康三年（282年），同安开始设县（今为厦门市同安区），在1700多年乃至更长的文明史中，我们的先民，用智慧和汗水浇灌这一方土地，创造了璀璨的村落文化，留下了宝贵的财富。我们挑选出32个传统村落，这些蕴藏"古"味和浓郁文化民俗底蕴的传统村落，散落在厦门六个区不同的角落，今天，它们抖落了岁月的尘沙，在这本文史丛书中，串起了32颗丰满的珍珠。其中，有"南陈北薛"在厦门拓土繁衍的村落，有名人辈出故居尚存的村落，有古港、驿站带来古老繁荣的村落，有古窑密布瓷业生产兴盛一时的村落，有很好保留客家和少数民族民俗风情的村落，有被认定为首批省级传统村落的三个村落……从亘古走来的一个个传统村落，在静谧中呈现出多彩多姿的风貌，展示了不同时代厦门经济、社会、宗教、建筑等方方面面的文明成果，闪烁着闽南文化熠熠的光辉。古港口、老渔村、古街巷，蕴涵祖辈拓新土垦莽荒耕读传家的文化精髓，镌刻先民过台湾下南洋勇闯美澳的历史足印，教我们读懂什么是勇气、坚韧和"敢为天下先"的魄力。

《厦门传统村落》在探究辨析传统村落人文、建筑、民俗、宗教的基础上，尽可能还原历史，捕捉精神。虽然我们尽心竭力也难概括其全貌，仍希望通过文史资料的挖掘和征编，让渐行渐远的古村貌古村情和传统习俗，能够浓缩在一篇篇描绘传统村落的文字中，为读者展现厦门瑰丽的历史与人文，通过这本文史丛书，触摸到老房子、大祠堂、匾牌坊跳动的脉搏，让读者真切地感受到先民们一路拼搏前行中的喜悦与痛楚、感悟与希冀，感受到祖辈们爱国爱乡博大宽广的济世情怀。传统村落，是地方文化和民俗的形象符号，是历史和时代的情感记忆，是灵杰的厦门先民勤劳、聪慧、勇敢、顽强的写照，更是厦门无可替代的一道文化风景。

让每一个爱厦门的人，都来欣赏和保护厦门的优秀传统文化，欣赏和保护独具魅力的传统村落，将凝结在传统村落里的厦门老故事，将开拓进取、爱拼敢赢的厦门精神，远远传扬。

编者

2015 年 12 月

厦门传统村落

目 录

一、传统村落 / 1

古渔村沙坡尾
　　——思明区厦港街道沙坡尾社区 / 1

侨乡曾厝垵
　　——思明区滨海街道曾厝垵社区 / 11

城中村的古代荣光
　　——思明区莲前街道前埔村 / 20

南陈祖地
　　——湖里区江头街道浦园社 / 27

"北薛"肇居地
　　——湖里区禾山街道安兜社 / 32

闽王信仰属龙源,文化传承在薛岭
　　——湖里区江头街道薛岭村 / 39

城中的坚守
　　——湖里区禾山街道林后村 / 51

鹭岛名村
　　——湖里区殿前街道殿前社 / 57

紧邻古渡故事多
　　——湖里区金山街道霞边社 / 68

昔日两岸隔绝桥头堡，今日两岸交流胜地
　　——集美区后溪镇城内村 / 79

千年古镇深青村
　　——集美区灌口镇深青村 / 83

海上"所城"高浦村
　　——集美区杏林镇高浦村 / 91

古"杏苑"杏林村
　　——集美区杏林镇杏林村 / 100

千古流芳
　　——海沧区海沧街道青礁村 / 107

古建筑的海洋
　　——海沧区新阳街道新垵村 / 120

一水相隔，两岸同名
　　——海沧区海沧街道霞阳村 / 133

海沧沧江古镇
　　——海沧区海沧街道海沧村 / 147

神奇"同"字厝，风云垵柄村
　　——同安区莲花镇垵柄村 / 164

武功之乡古坑村
　　——同安区汀溪镇古坑村 / 171

古镇换新颜
　　——同安区汀溪镇洪坑村 / 180

古道之侧好风光
　　——同安区汀溪镇前格村 / 183

武举人之乡
　　——翔安区新圩镇云头村 / 187

名扬八闽之榜首
　　——翔安区新店镇吕塘村 / 195

翔安清代建筑材料市场
　　——翔安区马巷镇亭洋村 / 198
溪流环绕、三峰拱照的传统村落
　　——翔安区内厝镇曾厝村 / 207
小岛春秋
　　——翔安区大嶝街道小嶝村 / 223

二、少数民族村落 / 235

沧海桑田，闽海畲族
　　——湖里区禾山街道钟宅村 / 235
"回"影寻踪
　　——翔安区新店镇陈塘村 / 248

三、客家村落 / 251

谜一样的信仰
　　——湖里金山街道坂美村 / 251
融合和美之村
　　——海沧区东孚镇鼎美村 / 258
大山中的客家村落
　　——同安区莲花镇南山村 / 267
客家古迹族规
　　——翔安区新店镇溪尾村 / 273

后　记 / 276

一、传统村落

古渔村沙坡尾

——思明区厦港街道沙坡尾社区

古港沙坡尾

早期的厦门，虎头山连着鸿山，一座"镇南关"要隘，把厦门岛城区分成"厦门顶"与"厦门港"，从虎头山到蜂巢山之间的约2平方公里地带，通常称为"厦门港"，简称厦港。厦港的海岸线是一片宽阔平展的沙滩，清乾隆《鹭江志》载："环抱如带，沙长数百丈，上容百家。风水淘汰，毫无所损。"因细沙均匀且洁白如玉，故有"玉沙坡"的美称。可惜大自然的造化，却被后来修堤筑岸所破坏。玉沙坡按其历史，又可划分为"沙坡头"与"沙坡尾"两个阶段，其分界线是一条从碧山岩汇集而下的南溪仔，入海口恰好是现今大学路与民族路的交接处。早期有一座"太平桥"，是连接沙坡头与沙坡尾的地方。

沙坡头渔港在现今民族路、鱼行口街、关刀河巷一带，原先有打石字渡伸入海湾的一道"破屹"，筑成长条形的天然屏障。其状酷肖一把关帝爷的大刀，这便是当时俗称"关刀河"的小避风坞。这个渔港前后经历了近

300年历史，厦门海洋渔业的几件大事发生在这段时期，如厦门钓业的兴起和发展，三支桅大钓艚的建造，开辟澎湖、台湾渔场，草席诱捕乌鲳鱼法的创造发明，风帆由篾帆改为布帆，鱼冰的应用等。

20世纪20年代末至30年代初，厦门市政沿着鹭江修筑堤岸和马路，修到沙坡头时，见"关刀河"小坞已不堪重负，索性填平迁移，利用当时的地势，在沙坡尾与大学路之间，重新修建了避风坞，沙坡尾渔港随即兴起。这个渔港迄今不及百年，却是厦门海洋渔业起落变化最大的时期。经历了抗日战争前厦门渔业的兴盛期，在工商业尚不发达的旧时厦门，渔业生产是厦门的主要产业之一。但在日寇侵占期间，前期封锁渔港，烧毁渔船64艘，渔家小船屋105间，还毁坏渔民小学、渔民国术馆、渔民俱乐部等；后期强迫渔船出海，致使4艘渔船被水雷炸毁，渔民42人殉难。短短七年多，渔家"内逃者有之，改行者有之，饿毙者有之"，战前5000余渔业人口，战后剩下不到半数。抗战胜利至新中国成立前夕，更是渔港黎明前最黑暗的时刻，出现了渔业破产，渔民内迁外逃，鬻儿卖女的悲惨局面。据统计，从1948年年底起，有20多艘一级钓艚约600人逃往香港、澳门、新加坡、马来西亚等地谋生。1949年10月，国民党军队溃逃时，又大肆劫船抓夫，劫走渔船29艘，毁坏39艘，抓走渔民320人，使渔港处于衰微破败，奄奄一息之境地。新中国成立后，党和人民政府组织渔民恢复发展生产，才使渔家真正摆脱贫困，过上衣食无忧的幸福生活。

郑成功与沙坡尾的渊源

沙坡尾东边的演武池、澳仔大池源自五老峰与蜂巢山，旧时是连通一片的几个池，俗称大河。现今的南普陀放生池与厦门大学的芙蓉湖，都在其范围内。郑成功驻兵厦门期间，修筑演武亭。这个指挥操练台可单独使用，亦可水陆两用，一边是演武场，一边是演武池，场面十分浩大壮观。明末清初郑成功在收复台湾前，曾经制定《水师水操法》，在此操练水师战船。这种操练后在驱荷复台的战斗中发挥重要作用。演武池的流向较为特别，它是沿着现今的演武路西侧，拐了一个近45°的弯，通过现今的大学路段，流入沙坡尾避风坞出海。如今这条溪流还在顶、下澳仔之间留存一个约8000平方米的演武池，现在已被公布为市级文物保护单位。

西边的关刀河，源自鸿山与虎头山，通过毗连的打石市渡口出海。早期是沙坡头渔港的一个小避风坞，也是打石市街石料市场的集散码头。1930年"5·25厦门破狱斗争"时营救出来的共产党遇难人员，就从这里乘船

一、传统村落

疏散到同安彭厝。后来关刀河避风坞填平，转移至沙坡尾，现址变成民居街巷地名。

中间的南溪仔，源自碧山岩与钟鼓山，顺直流向玉沙坡入海。因厦门城关附近早期就有一条溪仔，旁边的小巷称溪仔墘，因而厦港南溪仔两侧则称为南溪仔墘。当时厦港的行政与海防管理机构都在溪流西侧附近，溪流的入海处便盖了一座接官亭，经常有大小官员在此歇脚，上岸的等坐轿，下轿的等坐船，前呼后应的十分热闹。在厦门与台湾同属"台厦兵备道"期间，运往台湾的军饷、军粮、军火一般也在这里装运。加上附近的配料馆与料船头，又是与台湾对渡往来的"馆口船头"，更呈现出一派繁忙景象！民国时期，渡口变成马路，溪流堵成水沟，溪岸分布着许多露天公厕，整条溪流臭不可闻。直到新中国成立初期，才将明沟改为暗沟，原来的溪流照样流淌，上面铺成通道，两边盖起民居，形成的街巷就是如今的南溪仔墘街了。

"送王船"习俗

"送王船"又称"烧王船"，是福建省沿海渔港、渔村古已有之的民俗，通过祭海神、悼海上遇难的英灵，祈求海上靖安和渔发利市。厦港渔家的"送王船"习俗，还糅合了王爷（郑成功）信仰。据传，此俗源于台湾，清初渔家为缅怀郑成功的丰功伟绩，以王爷作为代天巡狩的神而奉祀，并造"王船"送之入海，虽不言明而心领神会。这一民俗在"文革"期间中断，1995年，在去台厦门居民的倡议下，重新恢复三年一次的活动，规模一次比一次盛大热闹。去年11月，记者有幸亲身参与了一次"送王船"活动。当日凌晨1时许，人们开始为王船"化妆"：船头正面为狮头图案，并按规矩在两侧插上旗子，此谓左青龙，右白虎。船尾正面则绘上大龙，船前后竖有"代天巡狩池府千岁"的红色号旗。船舷上方共插有60个纸人，分别代表了"天将、水手"等不同的身份。插旗的顺序是丝毫错不得的，有专人拿着秩序册，一一仔细核对。精心"打扮"过的王船，由专人看管，停放在沙坡尾，周围划出一圈空地，以免船身被人碰伤。王船的尺寸、结构近似于真船，船桅、船帆样样不缺。据说，这艘纸船放入水中也一样能行驶。依照古礼，"送王船"活动维持5天，斋醮、歌仔戏表演等民俗活动交叉进行。大鼓凉伞、舞龙、歌仔戏等精彩节目陆续上演。这次厦门港"送王船"活动全都在陆地上进行，称为"游天河"，这与将王船放到海上漂流的"游地河"不同。下午3时许，船身下方的固定物被抽走，王船开始凭借"腹部"下的车轮缓缓前进。有近300人组成9支表演队伍同时行进，全长近200米，边走边上演舞龙、舞狮、大鼓凉伞等节目，为王船开道。长龙沿着大学路、海洋三所、白城一路，慢慢走向曾厝垵圣妈宫旁的海边。队伍到达海边时，正值退潮时期。王船化火是活动的高潮之处，主办方为此准备了猪头、猪肚、鸡、鸭、鱼"猪头五牲"祭品进行祭拜。数百份祭品都用红袋子包裹着，其中也包括了香客送来的柴、米、油、盐和菜肴等。随后，祭品被放入海中，慢慢漂向远方。这不仅是为了祭拜神仙，更多是为了告慰曾经葬身大海的人们的英灵。下午4时53分，点火仪式开始。此时王船停放在沙滩上，船头向着大海。乩童以纸钱引火，随后众人也上前帮忙。不一会儿，火光冲天，王船船身传来"劈劈啪啪"的焚烧声音。在场的渔民和信众见状纷纷跪地，默默祈求上苍能将平安、好运和吉祥赐予自己。火借风势，船只渐渐消失在熊熊大火之中。3小时后，王船彻底化为灰烬，旁观的信众这才转身慢慢离去。据介绍，下一次海水涨潮之时，会把船灰一起带走，这象征着祭品全部送给了祭祀对象。2005年5月，"送王船"习俗跻身省级非物质文化遗产项目。2015年4月，又被公布为厦门市第一批26个市级非物质文化遗产项目。

老港古民居蒋厝

思明南路跨过铁路不远，前方路北有一座颇为古老的红砖大厝，这就是在厦门很有名气的蒋厝。

蒋家第九世孙蒋紫亭，祖籍晋江，自幼习武，练得一副好拳脚，因协力缉拿盗贼有功，被授六品武职。清乾隆六十年（1795年），身兼带刀侍卫的蒋紫亭从泉州府奉调到厦门，他在鸿山南麓建了一座两落红砖大厝，安置家小。蒋紫亭去世后，其长子蒋越岩"罔替袭父世职"，仍在军中服务。因人丁兴旺，他又在原来两落的后面新建四落，合为六落大厝，即倒照、门厅、正堂、祖厅、后界。蒋越岩去世后，其子蒋士楷在大厝两旁建了两列各长九间的护厝，形成完整的闽南红砖民居格局。这在当时是厦门岛上规模最大的红砖大厝，人们无不羡慕！

目前，蒋厝里住有近20户家人，十分拥挤，为增加使用面积，任意搭盖随处可见，挤占了古厝的空间。蒋厝因年久失修，损坏严重，尤其是屋盖腐朽漏水，甚至不能拆补修缮，只能在屋面的红瓦上覆盖大片的"瓦楞瓦"，漂亮的红瓦顶被白色的瓦楞瓦所覆盖，失去了原有的风貌，甚是遗憾！

蒋厝

李氏宗祠

　　李氏宗祠，坐落在碧山下，门牌碧山路29号，又称联宗祠、李祖厝，是在清王朝终结、辛亥革命成功的民国初年，由新加坡华侨集资，国民党军的师长李国屏督造的。祖厝内住着厦门许多李氏宗亲，其中有一位叫李维修的，是参加广州黄花岗起义的青年勇士。

　　李维修，原名李嘉瑞（1887—1940），笔名默林、悲秋，祖籍海澄县。其父因得时疫早殁，母亲周氏（台湾新竹人）含悲离家来厦门投亲，在外清巷18号生下了他，是个遗腹子。李维修在鼓浪屿基督教的澄碧书院毕业后，去新加坡谋生，他在新加坡结识黄兴、胡汉民等人，受到中山先生的打倒封建、推进共和的思想熏陶，接受革命，于1907年加入中国同盟会，并改名维修。

　　李氏宗祠里曾住过许多李姓华侨和他们的后代，这些华侨在东南亚从商、从政、从军的都有，且有所作为。为纪念他们，特地在李氏宗祠里对这些人设一张水磨石靠背椅，

椅背上均镌有姓氏简历,摆在祠堂旁边,围成一圈,其中就有李国屏和李维修的石椅,"文革"中被砸毁。"文革"后,曾保留两张石椅,一张被当成旧石板凳毁掉了。如今宗祠里仅保留了一张石椅,椅背的字迹很是模糊不清,依稀辨认出"十九路军""骑兵"等字样。

李国屏师长督造李氏宗祠时,曾在祠前左上方处建造了一座"将军碑",以示李氏的荣耀。"文革"中,造反派用铁锤猛砸,但因碑十分坚固,砸也砸不坏,最后只能用水泥将上面的文字掩盖起来。所以,今天看到的"将军碑"是一座并不高大的弧顶四方形无字碑。

李氏宗祠

一、传统村落

　　李氏宗祠为三落格局，前为门厅，双燕尾脊。脊上的镂空装饰为水泥预制件，系现代工艺，颇为华丽。山墙上的悬鱼饰塑有双翼安祺儿，表现了西洋文化与中国传统文化在厦门建筑中的巧妙结合。第二落为主厝，重檐歇山顶，上檐东西各有5个垂柱花篮，南北各有2个垂柱花篮，壁为镂空拱券，颇为豪华。下檐为六角形石柱，雀替的漏雕也颇细腻，博脊和平檐朴实大方。这些构件虽为水泥制作，仍不失是一座华美的中国传统建筑。后落也是传统建筑，在修筑铁路时拆掉了。

卢厝

　　卢厝，坐落在厦港片区围仔内巷，门牌厦港街道福海小区围仔内5号，是一座以闽南传统建筑工艺为主，融入西洋建筑风格的民居，是厦门近代红砖民居的精品。

　　卢厝的老主人卢安邦（国梁），因考取功名未果，灰心仕途。旋赴菲律宾经商而致富，于清末回到厦门定居。卢安邦有六个儿子，三儿子卢文彪看上了蒋厝里的漂亮姑娘蒋顺喜，欲娶其为妻。卢安邦几次前往蒋厝提亲，蒋家老爷都没有答应，可卢文彪非蒋女不娶，形成僵持。最后，蒋家放出话来：我蒋家闺女是金枝玉叶，大家闺秀，你卢家连一栋像样的房子都没有，怎么有资格来娶我蒋家的闺女？如果你卢家能建一座像我蒋厝那样的大厝，那就可以来娶我蒋家的姑娘。

　　卢老爷一听蒋家的条件，心中暗自高兴，心想凭我卢家的财力，建一座大厝有何难哉？那是小事一桩。他当即答应蒋家条件，签下婚约，并言明不得反悔。

　　于是卢安邦延请名师设计新厝，决心建一座比蒋厝还要精美的大厝，以迎娶蒋家闺女蒋顺喜进门当三儿媳。他选定离蒋厝不远的1000多平方米的坡地，鸠工庀材，大兴土木。从1905年到1908年整整三年，建成了一座二进大六规的红砖大厝。大厝落成后，卢安邦依约将蒋顺喜迎娶进了新大厝，成了卢家三媳妇。迎亲那天，嫁妆从卢厝一直摆到了蒋厝，好不气派。一座新大厝成就了一桩美满姻缘，为厦门留下了美丽的佳话，至今传颂的余音未绝。

　　卢厝的木料是从菲律宾进口的上等木材，粗大的杉、楠、桉木做梁柱格扇，使大厝高宽开阔，明亮通风。花岗石是上等的泉州白，青斗石也选用最好的。工匠也是优秀的师傅，其石雕、木雕工艺精湛高超，把大厝打扮得精美、豪华、气派，厦门无人可比。

卢厝

　　卢厝的门兜精心设计，精心施工，使用土形脊，墀头为青斗石浮雕。正门为石库门，门楣正中挂青斗石"范阳世泽"匾，其下置两个户对。门楹也用青斗石雕成，上为长方形透雕，下为莲瓣巢臼。左右边门楣上挂青斗石"三纲""五常"匾。石库门两边为青斗石书法身堵，左为"日荀"，右为"于斯"，另加两个竹节圆窗，一副儒雅情气。门兜两边的六堵围墙，墙裙由三大块泉州白做基础，下镌威严的虎脚。上方则用红砖空斗砌成六福、寿字、回形等图案，寓意富贵吉祥。墙顶则选用当年稀贵的绿琉璃漏窗。整个门兜围墙用料十分精美，又合闽南民居传统，既高贵大气，又不失儒雅风度。

　　走进门兜，跨过石埕，就是二落主厝了。第一落为燕尾脊三开间，明间为中厅，特别宽敞，两旁为厢房。后落中厅设神龛，是祭祀、议事的地方。左右为护厝，主护之间的小厅房合成单元居室。并在左右前半部天井中加盖一小方亭，用于会客、休闲和小孩读书。厅室功能齐全，合理实用。

　　卢厝荟萃了闽南红砖民居的各种石雕、木雕工艺，包括浮雕、透雕、高浮雕、均漆金或彩绘，工艺颇为精湛，人物花鸟跃然生动。主立面用空斗砖砌手法，拼接成多种各有寓意的图案。白灰勾缝，红白相间，色彩艳

一、传统村落

丽和谐匹配。那些动植物、戏剧神话、寓言故事、武将打斗场景、耕读渔樵、士农工商等日常生活景象，还有那年年有余的宝瓶钟鼎、花鸟虫鱼等玩赏小品，无不栩栩如生，令人过目不忘。

墙面装饰大量使用琉璃烧制、石板摹刻，有黄道周、唐英、张瑞图、吕世宜、王仁堪、郭沿光等全国和福建名家的诗词手迹，至今完好，提高了大厝的文化品位。

建筑构件的工艺也十分高超，梁枋、坐斗、瓜柱的狮兽、力士、大象十分生动，垂花雀替、莲花垂拱等无不玲珑剔透；门窗、格扇上的岁寒三友、花鸟图案的镂空窗花，窗棂花格的格心拼图、诗文装点、漆金、彩绘、彩塑、剪粘以及交趾陶等装饰，也均金碧辉煌，工艺精湛。

尤为特别的，也是厦门唯一的是卢厝的用水、照明、取暖方面的设计，颇受现代文明、科技文化的影响，十分周到方便。如利用臭土（电石）与水发生作用产生燃气的原理，特地建一臭土发生房，用暗管与厨房顶的蓄水池向室内供气、供水，十分现代化。这套设计至今尚能看到墙角的管道与门窗顶上的水头、灯头等残留。主人还在卧室和厅廊使用西式壁炉和进口花砖铺地，这在厦门地区的红砖民居里是颇为少见的。

鹦哥楼

厦港民族路64—72号有一座美轮美奂的三层洋楼，因楼顶立有一只水泥塑制的鹦哥，故民间呼它为"鹦哥楼"。1937年建成。又因当年这里临海空旷，洋楼又是最高最大的建筑，登临楼顶，视野高远，鼓浪屿、九龙江出海口和蜂巢山、鸿山等尽收眼底。渐渐地，这里的地名也称为"鹦哥楼"了。

鹦哥楼的建设有一传奇故事。越南华侨谢画景，福建惠安人，少时在乡与骆玛稳世交甚笃，友情甚重。后谢远赴安南（今越南）发展，做大米生意，发了财，而骆则到国外学习建筑，且成绩甚优，常受聘为商家造房建屋，曾参与上海高层建筑的设计建造，名声颇大。他俩虽各奔东西，但均事业有成，仍保持通信往还，谢感到虽有钱财，不愿漂泊异乡，萌生返乡建造别墅住宅，以便晚年休养居住的想法。于是全权委托骆玛稳设计建造，并汇给骆建筑费用。骆接受委托后，辞去了上海的聘约，专门在厦门为好友谢画景觅地，设计建造别墅。因谢特别喜欢鹦哥，在越南养了好几只美丽鹦哥，骆特意在新建洋楼正中顶上塑一只欲飞的鹦哥，一则为洋楼增加美感，二则见鹦哥如见好友，两全其美。没想到厦港民见形取名，直呼洋

楼为鹦哥楼。其所在地段也称"鹦哥楼"，这一习惯直到今天也没有改变。

鹦哥楼呈曲尺型，由直边六间，短边三间组成，属外廊殖民地式（Veranda Colong Style）风格。尖拱（少许为圆拱）方柱，间有圆柱和附壁柱，以及剁斧柱，多为爱奥尼克柱式。曲尺直角处为洋楼正面，直角削平为廊道，与左右长廊相通。正面二到四层为通高剁斧爱奥尼克立柱、钢栏小阳台，配搭得体。四楼的科林斯柱头、海浪卷互联麦穗和下垂小麦穗，十分艺术化，也很秀美。中间的拱心石也别出心裁，富有创意，分外美观。四楼用爱奥尼克式圆柱顶住山花，面上镌扶桑枝条叶卷，中心镌"南熏楼"三个金色大字。五层为屋顶观景花园，有敞廊亭，设弧形拱出钢栏小阳台。山花顶端原塑有一只欲飞的鹦哥，可惜在"文革"中被毁。

鹦哥楼主体三层，直角处为五层，观景敞廊亭后面天台花园边上又设一八角小观景亭，供眺望观赏厦门湾的海天美景。女墙为城堡锯齿形，稍突出，富有立体感。整座洋楼的宽长廊廊柱大多为爱奥尼克柱式，少许为科林斯柱式。柱面均加贴浅蓝、浅红小瓷砖，柱身上部饰有浮雕和风铃，甚是纤巧流畅。洋楼以红砖砌墙，大方红砖铺地（少许为花砖），红白两色自然协调。所有门窗的楣上均用红砖艺术砌筑成三角，或锯齿形，既简约大方，又有闽南地域的特性，形成中西结合，西式为主的格

鹦哥楼

一、传统村落

调，从整体上说当属"厦门装饰风格"（Amoy Deco）。

洋楼直边的六间，分成两节，中间用过渡空间隔开。其后段特设两间为一单元，大尖拱，山墙浅雕成大写意"飞鹰"装饰，鹰翅展开在两间满壁上。飞鹰身心正中镌"1937"字样，标明洋楼建成年份。

鹦哥楼已经有近80年的历史，在当年能建成如此美观大方的洋楼，其文化理念是颇为先进的。地理环境的选择，建筑设计的前瞻，用料色彩配搭的和谐，均属一流，是厦门港难得的风貌建筑。

文/图：思明区政协研究室

侨乡曾厝垵

——思明区滨海街道曾厝垵社区

曾厝垵的起源及发展

据民间传说，南宋末年的一位大官，名为曾光绰，携家人从江苏常熟入闽。他们带着四大袋的白银，驾着四辆马车，一路南下，来到了同安嘉禾里的一处地方，觉得很不错，就住了下来，并命名为曾处安，寓意曾姓家族兴旺平安。这个故事得到多数人的认同，只是无史料佐证。但拥湖宫内《拥湖宫碑记》中有关曾厝垵起源的记载，使曾厝垵的起源有了珍贵的史料证明。据《拥湖宫碑记》记载："宫原建自元代，系曾家始祖光绰因兵乱，率亲族由江苏常熟县到此避难而定居，初

拥湖宫碑记

名'曾处安'。"开基始祖曾光绰看到曾厝垵北面是绵延的丘陵，足以抵挡凛冽的寒风；南面隔海与南太武相望，一派海阔天空，眼前是金黄色的沙滩和海湾，确实是农耕渔猎的好地方，便决定在此开荒拓土，创建家园。晚年曾光绰在这"幕天席地帽石"的"曾处安"，面对浩瀚的大海，以"钓鱼自乐"，既避开了蒙古铁蹄的蹂躏，为曾姓后人找到了一方安居富足、休养生息的乐土，又保存了汉族的传统文化习俗。据《曾氏族谱》记载，当时的曾厝垵，"其地原名高浦村，世虽变乱，曾氏到此亦得安，故名曰曾处安，别号禾浦"。"曾处安"三个字不仅表明了曾氏家族在这里定居开发的历史，而且反映了曾氏祖先于宋末元初，为躲避战乱祸害，乱世求安，不得不背井离乡、千里迁徙的惨痛历史背景。曾厝垵地名的演变史，刻凿着血与火的时代烙印，为今天的人们了解厦门早期风土人情留下了一页鲜活的历史。

从此曾厝垵人不仅以其勤劳勇敢，在这片热土上开创出一片海滨田园，而且将中原地区较为发达的传统文化习俗带到这块土地上，与厦门本土的文化习俗相融合。随着曾氏家族的繁衍，他们后代的一些支系先后迁往台湾及海外内各地，曾厝垵因此成为海峡两岸、海内外曾氏子孙的入闽始祖祖籍地。

据清道光《厦门志》记载，曾厝垵"沙地宽平，湾澳稍稳，可避北风"，有着天然良港的自然优势，自古就是出洋要地，与航海贸易有着很深的渊源。时至明代，这里成了海澄月港商船停泊地。海澄开往海外的船舶须至厦门查验，停靠于曾厝垵避风候讯。方言"沃"指泊船的海湾，"湾"指船只出入的港口，曾厝垵当时又称"曾家沃（澳）"、"曾厝湾"，盖缘于此。

曾厝垵的侨乡情结

走在曾厝垵村的小路上，已经很难发现当年华侨遗留下来的历史痕迹，仅有留下的几座番仔楼和一块石碑（国办路）告诉人们，这里曾经有过华侨的历史足迹。在经过大量史料查阅与人物访谈后，才惊讶地发现，原来曾厝垵村是个著名的侨乡，有着辉煌的历史，深深影响了厦门、福建乃至中国的华侨发展史。据清道光《厦门志》中的《厦门海关贸易报告》记载，曾文杨是曾厝垵有历史记载的最早出洋人士，当时称为"自由移民"，曾厝垵人在南洋创业由此拉开了序幕。到20世纪

100多年前厦门移民出洋搭乘的帆船

一、传统村落

初,曾厝垵村达到了历史上出洋创业的鼎盛时期,几乎村中壮年男子都有过出洋的经历,甚至有的就在当地落户生根,他们大多是亲友、老乡互相提携引荐,前往东南亚各国(闽南人称之为"南洋")。据《厦门港史》记载,1926年,厦门港的自由移民出国达到历史最高峰。大量的自由移民奠定了曾厝垵在厦门的侨乡地位,著名华侨曾文杨、曾举荐、曾江水、曾国办、曾国聪等人在中国华侨史上浓墨重彩,风云一时。特别是在20世纪20年代的厦门,曾氏家族为厦门四大家族之首,拥有着半条中山路的钱庄、商店以及轮渡码头、运输公司、大戏院等产业,富甲一方,深刻影响着厦门的经济发展。华侨经济也促进了曾厝垵村的繁荣,众华侨不忘祖宗,恩泽乡邻,除了建设自家花园洋房外,还大力发展乡村公共事业。

在著名侨属、83岁的曾华荣老人(1926年生)的记忆里,华侨经济的繁荣和淡出却有着感性的体现。老人说,曾厝垵曾氏原来是厦门的望族,曾经有宗族公产的码头,有整条的街市,布店、金店、点心店应有尽有。他们还有公田,有企业,有厦门最早的戏院……那时候,曾厝垵的家家户户,几乎都有下南洋的成员,他们每个月都会往家里寄来数量不少的大洋,维持着曾厝垵的富庶。但是抗日战争爆发了,曾厝垵最好的房子都是在那个时期被烧毁的,而小洋楼首当其冲。建在家乡的"番仔楼"没了,加之新中国成立后,华侨又度过了一段十分低调的时期,海外华侨与曾厝垵的联系也曾一度中断。改革开放后,陆续也有华侨回乡谒祖,但他们的第三代回到曾厝垵,往往已无法用闽南话交流了。

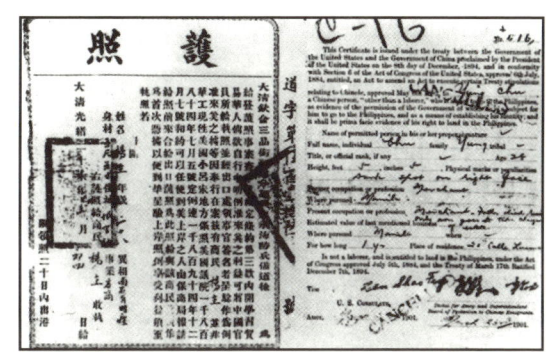

清政府发给华侨赴菲律宾的护照

82岁的曾华荣和他自制的帆船模型

曾厝垵华侨众多的原因,

与其得天独厚的地理位置有关。当时曾厝垵人以出海打鱼为生，练就了良好的航海造船技术，胆大者就远到了东南亚一带海域，不再是简单的捕鱼，有的还兼做起生意。有钱人越来越多，带动了一批人出洋，当时最流行的地方是印尼泗水、缅甸仰光、新加坡、马六甲等。曾华荣老人的祖父曾旺来在200多年前（约1800年）就只身前往印尼海域抓海参，在当地晒干后带回来卖。如此反复，赚了不少钱，轰动一时，后辈就继承了这一祖业。从曾华荣的爷爷辈一直到他这一辈，都有出海抓海参的经历，他们家族的足迹遍布马六甲海峡。到他父亲这一辈，生意做得最大，他的父亲叫曾国裕，是家中老大，老二是曾国聪，老三是曾国明，三兄弟一起闯南洋，开辟了一片新天地。他们不再亲自出海抓海参，而是雇佣当地土人去海参，再带回国内贩卖。之后，生意越做越大，开始涉足大米粮食、布料等生意。经过多年的发展，曾氏三兄弟在印尼的地位不断提高，影响日趋扩大。之后，由于中国传统的孝道伦理观念，作为老大的曾国裕毅然回到中国，照顾双亲，养老送终，守候宗祠。老二曾国聪也因此成为印尼华侨商会会长，东南亚华侨领袖之一，还曾资助孙中山先生的革命事业，是孙先生的好朋友。20世纪20年代，他应邀回厦门投资，开设工厂，修建码头、修筑公路、兴办商场，并请来了著名留美工程师周醒南，共同设计规划厦门市政建设，奠定了近代厦门的城市建设格局（即现在的厦门旧城区），促进了厦门的近代化进程。曾国聪拥有当时中国南部最大的钱庄，几乎拥有一整条民国路（今新华路）两旁的物业。曾国聪最为人所熟知的是其在1927年投资15万银圆，兴建了当时厦门最豪华的思明大戏院。戏院建设时，厦门称思明县，故命名为思明戏院。1950年1月，戏院改为国营，改称思明电影院。

  曾家后辈延续着祖辈光辉的创业史、奋斗史，不断发扬光大，以曾国聪的儿子曾华檀、孙子曾琦为代表。1928年，曾华檀从新加坡回国，被父亲曾国聪指派到厦门筹办及经营思明大戏院，他因此也成为中国电影业的创始人之一，从播放无声电影到有声影片，使厦门与上海并列为电影业的前沿。曾国聪孙子曾琦是改革开放后第一个到厦门投资的香港商人，是香港上市公司——宏泰集团有限公司董事长，在厦门有众多的投资项目，再现曾家辉煌。

  曾华荣老人至今居住的祖屋，虽经历过日本鬼子的焚烧和"文革"洗礼，还保留了不少古迹，依稀可以看出曾家当时的辉煌。这座古厝是典型的闽南建筑，有一个老厦门人都知道的名字"乌烟厝"，几十年来与海外的通信往来上的地址就是"乌烟厝"，写上这个名字就可以收到侨信（又叫"侨

一、传统村落

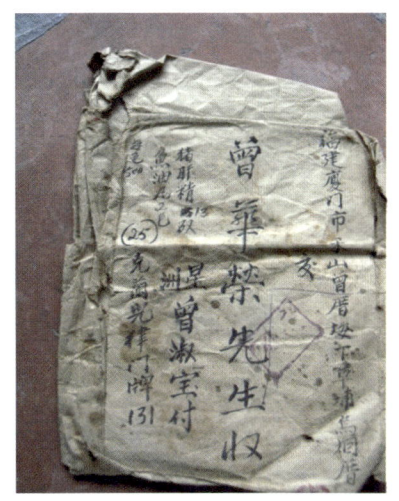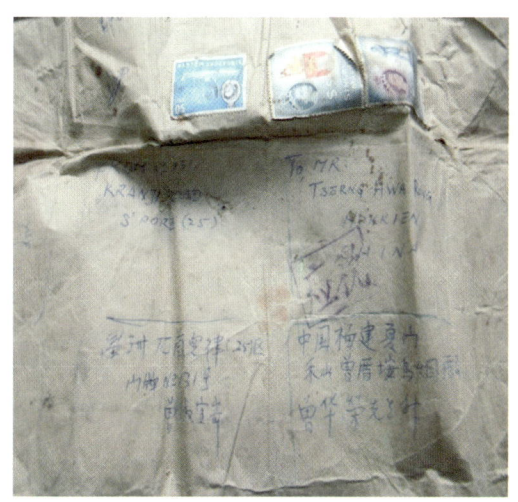

乌烟厝侨信

批"),无须写上几组几号的具体地址,可见这个"乌烟厝"的知名度。"乌烟厝"得名于其外墙漆黑,据房主人介绍,是按照风水先生的结论选定外墙颜色,以避难消灾。大厅、厢房历经浩劫早已面目全非,只有大门、天井四周保留比较完整。其大门是由几百斤重的整块楠木制成,屋檐、厅门雕刻以古典的中国元素为主;屋顶的雕刻也很独特,上面有鲜艳的花草映衬,格外醒目。最有特色的是房子的石头窗户,其工艺技法甚为罕见,是直接在石头墙上凿刻而成的,其中一扇"待月"的石窗保存完好,工艺精湛,栩栩如生,令人叹为观止。

村里著名的华侨还有曾举荐、曾江水、曾国办等人,都享誉海内外,极具时代影响力,奠定了曾厝垵在厦门华侨史、闽南华侨史、中国华侨史的地位。

曾举荐(1794—?),是村中较早出洋人士之一,很早就前往新加坡打拼,成为当地华侨领袖。他在新加坡专门制造火药,其亚历山大火药局在新加坡地位显赫,盈利极丰,成为当时新加坡首富。现今的新加坡"举荐街",就是以他的名字命名的。19世纪40年代,创立邱、曾两姓人氏义山(公用墓地)龙山堂。1850年,与陈金声等侨领,联名致函新加坡总督威廉·巴特卫,要求当局以宽容的态度对待华人的婚丧、祭祀、节庆等礼俗。1852年创办诏远号,从事批发生意,兼任取佣代理,业务进展顺利。热心公益事业,捐款修建天福宫、梧槽大伯公庙、崇文阁,任萃英书院十二董事之一。他在加冷拥有大面积的种植园和一幢私宅,通往此园的道路,被称为"举荐路"。

曾江水(1870—1941),字右甘,祖籍曾厝垵,出生于马来西亚马六甲。19世纪末在马六甲开设"承龙发"号,开始经营橡胶生意,后在马六甲武吉亚沙漠和新加坡杨厝港投资种植橡胶田3000英亩,成为20世纪20年代马来西亚橡胶业首富。后涉足房地产建筑业,是马六甲华人社会三大企业家之一,曾多次蝉联马六甲中华商会会长。他热心社会公益,倡办华文教育,1912年与陈齐贤、沈鸿柏等人创办了马六甲培风中、小学校,独捐1.75万元。1919年捐50万元为仰光华侨中学购地作为校址。20世纪30年代初,捐巨款支持厦门大学。此外还捐助新加坡华侨中学、马六甲中华中学及厦门中山医院等。抗日战争爆发后,带头购买战时公债,呼吁华侨、马来人、印度人共同支援中国抗战,并参加筹赈中国伤兵、难民。太平洋战争爆发后,携眷回到重庆。抗战结束前夕病逝,享年71岁。

曾江水先生的古厝

一、传统村落

曾国办系旅居菲律宾著名华侨，其归国后大力发展家乡道路建设，为曾厝垵村做了不小的贡献。1927年，曾国办捐资兴建了当时的环岛路（曾厝垵到镇北关的一段乡村公路，镇北关为何地，不详），乡亲们为感念曾先生的功德，起名"国办路"，全长两公里多，大小桥梁七座，耗资银圆3800余元。之后，他又修筑了胡里山至曾厝垵以及曾厝垵至云梯岭共14.4公里的公路。在20世纪30—40年代，曾国办又与人合股投资了厦门到同安的海上运输。并在镇海路设立华侨银行中国分行，自任总经理，成为南洋华侨金融的总汇机关。改革开放之后，这位华侨已是年迈老人，尽管他在曾厝垵的多数产业早已毁于日寇手中，但是他在菲律宾多次表示想回家乡投资，但天不遂人愿，不久后就去世了。现在村里路边的一块国民党禾山海军办事处于1929年11月1日镌刻的石碑，记录着他的事迹，使其流芳百世。

国办路石碑

华侨与中国革命

海外华侨在中国民主革命、抗日战争、解放战争中做出巨大贡献，有举足轻重的地位，孙中山先生赞誉到"华侨乃革命之母"，没有海外华侨，就没有中国的今天。辛亥革命前，当孙中山在海外从事革命活动，立志推翻清政府，建立民主共和国之时，就是得到广大海外华侨在各方面的大力支持，包括支持和参加孙中山在海外创立的革命组织；帮助创办报刊，给予经济支持；还有的直接参加推翻清王朝的武装起义。到抗日战争时期，中华民族处在生死存亡的关键时刻，海外侨胞发扬爱国主义的光荣传统，与全国人民同仇敌忾，掀起了抗日爱国高潮，在人力、物力、财力上支援祖国抗战，开展了抗日救亡运动和国际援华活动。1939年3月至9月，在南洋华侨筹赈祖国难民总会主席陈嘉庚的号召下，南洋各地华侨机工3192人，满怀"国家兴亡，匹夫有责"的高度民族责任感，毅然离别父母和亲人，远涉重洋，回到祖国，投身于神圣的抗日救国服务工作之中。他们在千里运输线上克服了重重困难，把亟需的军用物资运到前线抗击日寇。这期间，涌现出一大批爱国华侨人士，其中不乏有曾厝垵人士，他们在各自领域发挥着重要作用，书写着可歌可泣的爱国史诗。著名文史专家洪卜仁老先生撰文描述道："华侨旗帜陈嘉庚，始终领导着东南亚华侨的抗日工作，为中华民族的独立解放做出不可估量的贡献。新、马的厦门籍华侨陈六使、陈文确、孙炳炎、周玉麟、郑为仁以及出生于厦门曾厝垵的周献瑞等，不仅主动带头捐献巨款，而且四处奔走呼号募捐，支持祖国抗战。"以下是与曾厝垵有关的革命人士，或祖籍地，或出生地，或从小生活在曾厝垵，还有几个暂时无法查到具体资料，如林镜秋、曾春水、张有美、曾顺吉等。

沈鸿柏（1873—1950），曾用名林海秋，清同治十二年（1873年）生于泉州市区清军驿。幼随父迁寓厦门禾山曾厝垵，弱冠南渡马六甲。在柔佛东甲垦荒千亩，种植硕莪。19世纪末，响应陈齐贤、林文庆倡议，与闽侨李俊源、曾江水等在马六甲亚沙汉创设联合马六甲胶园。嗣又与曾国办、邱仰峰等合办志成发土产公司，自创明新印务公司，并将硕莪园改为胶园，成为马六甲殷商。

甲午战争后，鸿柏在马六甲亚沙汉组织救国十八友团体，成为马来半岛南部"反清复明"领袖，并出任马六甲洪门会长。孙中山南来宣传革命，委鸿柏为中国同盟会马六甲分会主盟人（后改为支部长）。鸿柏积极宣传革命，发展组织，筹款赞助孙中山革命。民国成立后，发动筹募国民捐，募款10万元汇回祖国慰劳革命将士。袁世凯复辟帝制，他呼吁讨伐。中华革命党成立，他任马六甲支部长。二次革命失败，他设法安置逃亡马六甲的革命志士。此后，先后出任中国国民党驻马六甲支部长、国民党驻南洋英属总支部指导员兼侨民科长，创办马六甲第一份华文报《侨民周报》，保送华侨青年回国投考黄埔军校和参加北伐。1928年，济南"五三"惨案发生，倡组筹赈会，推曾江水为主席，自以副主席主持一切，筹款20万元赈济被日军无理杀害的外交官及群众。1931年，国民政府委任他为侨务委员会委员，作为马六甲华侨代表出席在南京召开的国民党第四次全国代表大会。

他先后发起创办马六甲培风学校、培德女校和平民学校，出任三校董事会组成的学务委员会主席。发起创办马六甲中华总商会、马六甲晋江会馆等一系列社团。历任马六甲中华商会副会长、会长，马六甲晋江会馆总理、名誉主席及监察委员会主席，寄庐俱乐部主席，厦门华侨公会名誉会

一、传统村落

长，星洲南洋沈氏公会名誉会长，马六甲沈叶尤宗祠名誉族长，马六甲福建会馆协理、名誉主席及监察委员会主席，以及广州岭南大学、华侨学校和武汉大学、泉州培元中学、厦门厦南女校等校董事，并曾积极为泉州开元慈儿院筹募经费，在马六甲置院产。1936年，鸿柏退休息隐家园，仍兼多家社团名誉职务。1950年6月8日，在马六甲病逝。

  周献瑞，祖籍南安美林镇，清光绪十三年（1887年）生于曾厝垵，在曾厝垵读私塾，13岁因家贫辍学从商。1905年，携眷南渡新加坡。1907年，献瑞任星洲阅书报社议员，加入中国同盟会。积极鼓吹革命，协助筹措革命军需，获孙中山赐旌义状。1913年，任中国国民党新加坡交通部参议。翌年，转任中华革命党议员。1921年，加入中国国民党，先后任星洲阅书报社副总理、同德书报社监督。1927年，任民革命军总司令部咨议。嗣又任国民政府侨委会委员。平日热心公益，为各方推重，历任新加坡山东筹赈会委员、董事，黄河水灾委员会、豫陕甘委员会、闽南水灾委员会等慈善团体委员，新加坡华侨中学、同济医院、中华总商会等学校、团体董事，以及新加坡拒毒会和福建会馆常务委员。1937年抗日战争爆发，被选为新加坡华侨筹赈祖国难民委员会委员、南侨总会常委兼查账员和宣传主任。其全部财产仅数万元，却率先捐献2万元法币和认购救国公债2万元法币为倡，参与发起筹款救国。1940年，为保存新加坡孙中山革命历史遗址晚晴园，他筹资进行收购，获国民政府颁给"见义勇为"匾额。1941年，出任南洋闽侨总会委员、新加坡南安会馆主席、同济医院副主席。新加坡沦陷后，日军派人追捕献瑞，其长子、次女均被捕入狱，献瑞亦于1944年被逮捕，囚禁于孟加丽。抗战胜利后，献瑞与梁后宙、林建达领导新加坡南安会馆恢复工作，被选为复会后首任主席。1946年，发起组织马来亚南安总会，被选为第一届主席。总会成立后，发起集资派人回乡创设英海汽车公司，修筑英都至溪美公路。1964年4月20日，献瑞在新加坡病逝。

文/图：思明区政协研究室

城中村的古代荣光

——思明区莲前街道前埔村

前埔村原位于厦门市厦门岛东部的一个大海湾的边上，只是在20世纪90年代后期填海建设厦门国际会展中心时，才远离了海岸线，现为厦门市思明区莲前街道前埔社区。村落居民多为林姓。明初，福建同安县潘涂村林瑄迁居前埔，是谓前埔村林姓的开基祖。以此算来，前埔村距今已有600多年的历史。

前埔村在古代是一个人口不太多的渔村。历史上这里的居民大都过着半农半渔的生活，耕种和驾船出海捕鱼是其主要的生存方式。自从鸦片战争后，厦门被辟为五口通商口岸以来，前埔村和闽南很多地区一样，都受到了商品大潮的冲击，村中不少人也漂洋过海，到东南亚谋生。

前埔村是清晚期至民国早期的菲律宾富商——"棉布大王"林云梯先生（1866—1918）的故乡。据龚洁先生在《到厦门看红砖厝》一书的介绍，他早年父母双亡，13岁时跟随同村人到菲律宾打工谋生。从当布店学徒开始，到租用柜台卖布，再到开"胜泰布庄"，靠买卖棉布，并经营房产和开办菜场，最后成了著名的菲律宾华人富商，被人尊称为"棉布大王"。他是白手起家，从学徒到富商大王。在从无到有的成功转变中，是靠天资聪慧？是靠商缘机遇？还是靠辛苦打拼？让人思量，总的说他的成功事迹可以写入中国富商成功史，作为砺志的生动教材，激励着今天怀揣着梦想的有志打拼者。如果你想要了解他，不妨就走进前埔村，那里至今还保存有他的故居，你可以沿着他的足迹，作一番探寻。

随着城市化的不断深入，加上房地产市场连年繁荣，前埔村早就成为厦门城市中心城区的城中村了。走进前埔村，只有看到点缀在村中的闽南传统建筑如林云梯宅、林氏小宗等，才能让人回忆起过去古村的色彩。在前埔村，也只有它们能够代表城中村的历史和古代的荣光。

林云梯宅是一座十分精美的三进主体建筑，加一列右护厝建筑组成的闽南传统民居。始建时间有两说，一说是清光绪二十三年（1897年），二说是清光绪三十一年（1905年），均为清末，属于学界认定的1911年辛亥革命之前的古建筑范畴。它总面宽24米，总进深48米，占地面积1200平方米，由前落（第一进）、天井、中落（第二进）、天井、后落（第三进）组成，方

厦门岛前埔村林云梯宅的俯视图

向 30°，坐西南朝东北。所有屋顶均平脊，马鞍形山墙，硬山顶，盖红板瓦。屋脊上均有剪粘装饰，其中第一进屋脊上的剪粘装饰已部分剥落。第二进前檐廊用抬梁式木构架，左右两侧还有平顶的左右厢房。外墙体的下部均用经水磨的花岗岩条石砌筑，条石长短不一，一般长 1.67 米，最长 2.68 米，厚 0.24 米，均用 5 层花岗岩条石砌墙体的下部。这些石墙都是前低后高，前、中、后三进分别高 1.33 米、1.36 米、1.45 米。墙体上部为红砖错缝叠砌墙，外抹一层白灰。右护厝和两个西式门楼是 1930 年由其子林珠光加建的，形成了后来的中西建筑合一的格局。

这座建筑很有特色的地方是：（1）第一进正立面的墙体均为石砌墙，即用上有极细的卷花蔓草图案的"泉州白"花岗岩做底料，镶砌刻有文字或精美盆景花草、人物故事等的青斗石板、条石、门窗。整个墙面设计对称有序，和谐协调。（2）建筑装饰华丽，艺术性高。首先，石雕十分精致，所见堵头、线脚、顶堵、身堵、腰堵、柜台脚上的石刻的雕工技法高超，所刻的无论是文字，还是人物故事、麒麟、战马、花草都精雕细刻。所刻动植物栩栩如生，形象逼真。无论是粗的还是极细的线条都十分流畅，使墙面装饰富有韵味，特别是水车堵为镶进数条有高浮雕人物故事的青斗石做成，即使做衬底的水磨"泉州白"花岗岩石面，也精雕细花纹，使得整个墙面极为精美。其次，它的木雕也巧夺天工，梁枋、斗拱、坐斗、垂花、雀替上都有精细巧妙地运用透雕、浮雕手法，雕刻的花鸟（包括牡丹）、花篮、狮、象、仕女飞天等木雕，形象生动，让人留下深深的印象。最后，在前厅

厦门岛前埔村林云梯宅石雕（1）

厦门岛前埔村林云梯宅（2）

一、传统村落

的内墙下部还有精美的花草砖雕装饰。（3）雕刻文字和对联多，有浓厚的中国传统文化韵味。值得一说的是，林云梯嘱人在大门两侧的白石上分别刻有家训和修身收心的文字："凡为人子弟须是常低声下气，语言详缓，不可高言喧闹，浮言戏笑。父兄长上有所教督，但当低首听受，不可妄大议论。长上检责或有过误，不可便自分解。""昔陈烈先生苦无记性，一日读孟子学问之道，无他求，其放心而已矣。忽悟曰：我心不曾收得书，如何记书？遂闭门静坐，不读书百余日，以收心。"前厅大门上有阳文"林氏小宗"匾额，大门两侧有对联："松风水月，独酒素琴；崇山峻岭，茂林修竹。"大门口外墙上有对联："盖有功德材行志义之美者；岂独华木土石水泉之适欤？"再外面墙体上有对联："品节详……（为后建围墙所盖无法看到）；事理通达，心气和平。"主厅大门两侧镶石质对联一副："分岁月作闲人，春光碧草；放溪山为逸老，秋色黄花。"门外有一对书写的楹联："忠孝积德福禄寿，仁义行……"另外在别的大门两侧也有对联："何必建掀天揭地功，方为不负所学；若求得修身齐家道，亦是有生所为。"此外其他大门及窗户两侧等处的

厦门岛前埔村林云梯宅（3）

厦门岛前埔村林云梯宅（4）

厦门岛前埔村林云梯宅的铺地瓷砖（5）

墙壁上也有对联诗句,如天井的小窗石楣上刻:"文章发国,诗书传家。"厅后有一书亭,供主人读书之用。亭的两个半月门额上分别刻"书声""剑气",并有一对联:"几静云生砚,书联月虚窗。"从这些文字中,我们都能看出林云梯先生重学重教育重修身养性的志向和心声。他没上过什么学,却能有这样的见识,或许这就是他成功的原因之一吧。(4)有较多的外国文化因素,如天井和其他廊道等地面铺设进口花纹瓷砖。正立面墙体上雕饰具有西洋风格的卷花蔓草图案,第二进厢房顶上有绿釉菱形花窗,后来民国时期建的护厝山墙立面的尖山处灰塑堆出两侧为飞天天使、地球立鹰形象,庭院门额也有蔓草簇拥盾形花头的西洋装饰等,都体现了那时闽南传统民居装饰艺术已融入西洋的新内容。

厦门岛前埔村林云梯宅(6)

此外,第二、三进间的天井两侧的厢房墙壁上拼砌六角形、八角形的几何纹红砖图案。两边屋檐下水车堵的地方有山水立体画卷,外用玻璃封护。厅前的

厦门岛前埔村林云梯宅(7)

走廊、天井铺花岗岩条石。窗框均为泉州白的花岗岩方条石,中间为三根长方体的青斗石条石。窗额上均做出用砖三层砌筑的护檐,其中一处纵长1.14米,宽0.29米,以防雨水飘进窗内。

从上述的描述看,林云梯宅设计是很用心和高水平的,精致施工,所以整体看是那么的美,在当时就是豪宅。来此参观,不仅能给人视觉上的享受,也可使人受到中国传统文化的熏陶,同时,它更是出洋谋生的华侨

一、传统村落

厦门岛前埔村林氏小宗的院门

厦门岛前埔村林氏小宗的木雕

在海外成功打拼的历史见证。

在林云梯宅东南不远处为前埔村76号林氏小宗,尽管院门门额上也刻"林氏小宗"四个大字,但从结构看属于清代普通的民居,是有一座主体建筑带左右厢房加院墙的三合院,属闽南传统建筑,面积100多平方米。屋顶均硬山顶,除左右前厢房外均盖红板瓦。主体建筑面阔三间,进深两间,叠

顶双燕尾屋脊，梁均架于墙上。左右厢房面阔两间，进深一间，前厢房平顶，后厢房马鞍形山墙。厅内屏风、神龛上均有细致的花草木雕，神龛两侧屏风方柱上书写对联："兰桂联芳，一种天香浮锦砌；椿萱并茂，十分春色映华堂。"从对联也能看出此宅是做普通民居使用的。主体建筑大门两侧的外墙装饰有"卐"字纹彩绘，檐廊左右两侧梁上均有精美的花鸟、狮子等木雕，左右厢房天井一侧的外墙和院门两侧墙体上均有六边形拼砖装饰。

而前埔村90号宅的结构与76号林氏小宗大体相同，也属于清代普通的民居，檐廊左右两侧梁上也有精美的花鸟、狮子等木雕，大门两侧墙体上也有六边形拼砖装饰。

除古建筑外，能够代表前埔城中村"古代荣光"的就是以林云梯先生为代表的行善重教的爱心。一般说来，成功人士确有与众不同的优点和过人之处。林云梯先生出身贫寒，却积极行善，救难济贫，尤其对家乡穷苦、孤寡、老人进行慷慨救助；重视教育，热心办学，捐资给菲律宾的华人学校。受他影响，他儿子林珠光先后创办厦门双十商业学校（今双十中学前身）、云梯中学等，对民国时期厦门地区的教育做出了贡献。说到这里，我们大体能了解林云梯先生是个什么样的人了，一个有强烈行善重教观念和爱心的人能不成功吗？能不让我们肃然起敬吗？

文/图：陈文

一、传统村落

南陈祖地

——湖里区江头街道浦园社

浦园位于江头东北,背依祥店、后埔的高地,北向隔着一段底沟和薛岭相望。旧时,从祥店后面关刀山上下来的一股溪流,灌溉着社北一溜称为埔尾的水田,汇合到如今的建材市场、金中华一带,成为一条名为三条溪的溪流,然后从江头注入筼筜港。

旧时的筼筜港浸淫到浦园社脚下,从社西到社北,划出一条优美的海岸线,在那片海和溪流交汇的地方,是一片水草葱茏的多水的低地。浦园临水,"近水为浦",社后又有大片逐渐抬升的埔地,"旱地为园",浦园因而得名。

唐建中二年(781年)陈僖家族从五通登上时称新城的厦门岛,"四向沧波","人所罕到",就先在今五通霞边一带安顿,"东北罗列而居",号"陈寮"。之后,因其地"形势挤迫",后来就迁徙到浦园定居,称浦源。村落坐东面西,依埔坡而建。清道光《厦门志》中,浦园记为"圃源"。

清乾隆年间,浦园属于嘉禾里二十三都吕厝保。民国初年,富商黄瑞坤协同当局,"设戒烟局于浦园乡",这是禾山有历史记录以来最早的戒烟机构。1924年(民国13年),江头到五通的公路修通,浦园也就有了交通要道之便。江(头)五(通)

浦园社:榕树、古庙

公路从江头拐向东,从浦园社南的坡脊上走,一路往东向祥店顶,在五里亭分叉向南到后埔。1930年5月,厦门海军司令部发出布告,欲以贱价收买浦园、后埔等五社田地,设立"海军农事试验场"。"若所有之业主,尽以一星期内,各自立界,藉便分别测量,逐一收买。"浦园和其他各社农民群起反对。后经思明县农协会多次洽商,极力陈词交涉,据理力争,后此事不了了之。1938年5月,日寇铁蹄踏上厦门,浦园社区区百来人当中,就被杀害7人。1947年10月,一场大火引来了当时为数不多的救火车在这里"灌救四小时",救火的陈姓司机还在火场中受伤,但大火还是烧去了浦园的几座民居大厝。1955年修建鹰厦铁路,铁路从浦园社后的一个旧时有钱人家的花园穿过,截断了原来的公路。江五公路只好改弯两个直角,拆了社前的几间大厝,从陈氏祠堂门口前经过,绕社北过道口而上。1959年,前线公社在浦园"公祠园"修建前线防保院,后来改成卫生院、江头医院,即今天的市中医院江头分院。历史一页页翻过,浦园陈氏大宗祠的位置没有变过。它和村子后面的古榕、古庙,成了如今古村浦园的标志。

"南陈"祖居地

2004年底至2005年初,位于后坑的后院埔陈僖墓葬发掘,出土的《故奉议郎歙州婺源县令陈公墓志铭并序》和《唐故歙州婺源县令陈府君夫人墓志铭并序》,证明这里埋葬的是陈僖的孙子陈元通夫妇,夫人汪氏,卒于唐咸通二年(861年),终于"清源郡同安嘉禾里之第",死后"厝于宅东三里之原,祔府君之茔",即后院埔。以此推算,1100多年前汪氏所居住的"嘉禾里之第"就是浦源。浦园人把村社对面二三里地的小山包称为"对面山",在那里葬着他们的先祖陈夷则;把村社背后二三里地的埔地叫着"后院埔",在那里葬着他们的先祖陈僖(实为陈元通)。陈僖、陈夷则墓葬,是今日厦门岛为数不多的唐代墓葬。

最早开发厦门的两大家族薛姓和陈姓,薛姓"人称所居岭为薛岭。岭之南,唐陈黯宅在焉。时号为南陈北薛。"(道光《厦门志》)。文中陈姓所居的地方就是薛岭之南的浦源一带,"南陈"的祖居地。

有陈氏家族的居住,浦园成了厦岛最早开发的村落之一。一千多年岁月的洗礼,今天的浦园已早非当年的"浦源",但是作为陈姓的祖居地,这里无疑是他们"树本水源"的"源"。

陈氏宗祠的西北角原来是一个突出的高地,高地上的园地早时是宗祠的"公祠园"(用本地话说,有人误以为是"公司园"),收成用于祠堂祭祀

一、传统村落

所用。浦园社后的东北角地名后树脚,这里原来有一列8、9棵榕树,现在就剩碧山宫边的2棵了,其中一棵是旧宫墙角的"鸟屎榕",榕树的"胡须"(气根)垂落到地面之后长起来的。榕树后有大丛大丛的粗大的竹子,上面长着坚硬的刺,人们叫它刺竹,就紧挨着浦园社北的房屋了。

如今,虽然挤迫在密密匝匝的民居当中的那两棵榕树,还是那么郁郁葱葱,遮天蔽日,青翠欲滴,有着始终蓬勃向上的力量和气度,仔细揣摩它蟠龙般的根节,皮若裂岩,像个百岁老人,捋着长须向人们细说浦园这个千年古村的故事。

浦园宫

依偎在榕树浓荫下的碧山宫位于浦园社北,坐北朝南,俗称浦园宫,据说始建于明代隆庆年间,1993年重修。碧山宫单檐单进,硬山顶、燕尾翘脊,前有明廊,设三川门。大门顶上石梁横贯,中书"碧山宫"三字,有石刻对联:碧海慈航破浪渡江登彼岸,山门佛法消灾救苦显神通。除了藏

浦园碧山宫

头"碧山"二字外,看出所祀应为观音菩萨。但是碧山宫神龛上主祀的却是池府王爷、普庵菩萨、太上老君,案桌上才是观音、中坛元帅、关帝爷的神像,左右侧是注生娘娘和阎罗天子的神位。

浦园人称中坛元帅哪吒为太子,太上老君为仙公,神诞分别是九月初九、十月廿六日,还有池府王爷的神诞六月十八日、普庵菩萨的神诞十一月廿七日。在这些日子里,碧山宫都会举办庆典,浦园绝大多数原住民和附近信众都会前来参拜上香,添油奉礼。碧山宫前面的戏台上,接连演数天的芗剧,一片人神同娱,喜庆吉祥的景象。

浦园陈氏大宗祠

浦园陈氏大宗祠崇本堂,坐东北朝西南,其始建年代难于查证,据说是唐末宋初,最近的一次大修是在1996年。因建公路,原有的宗祠上下二个红砖前埕和前部围墙、大门已经缺失,石制旗杆座被拆,现仅存余180平方米。其外观为单进、硬山顶,燕尾翘脊,屋脊的龙吻向外,脊上的瓷片剪粘牡丹凤凰,依旧十分艳丽。垂脊上分别剪粘出"三元及第、五子登科"和"福星高照、金玉满堂"两句吉语。垂脊的下端是玻璃剪粘牌子头楼阁。屋檐五层红砖出挑,中间夹有灰面靛青描绘。人字规曲线优美,山尖和燕尾之间有泥塑瑞兽突出,加以剪粘花卉装饰。山尖下的泥塑布幔和子孙窗较为简朴。左右侧檐下是泥质彩塑人物故事。

祖祠为抬梁穿斗混合式砖木结构,典型的"三梁五瓜七檩"。三开间,设有粗大的立柱,四个绿辉石柱础,浮雕着仙桃、牡丹、海棠、玉板绶带

陈氏大宗祠脊上的剪粘凤凰牡丹

一、传统村落

浦园陈氏大宗祠

陈氏大宗祠里的清代"文魁"匾

陈立夫题"嘉禾陈氏大宗祠"匾

等纹样。祖龛用木笼扇门遮掩，透雕着黑地仿金的花瓶、蝙蝠等吉祥图案。祖龛的正上方悬挂着"状元及第"竖匾，系宋绍兴八年为东宫侍讲陈俊卿所立；左侧有宋庆历二年为枢密直学士待读陈襄立的进士匾；侧梁上分别悬挂着明万历二十九年为刑部主事殿前陈士兰立的进士匾，以及清代二个文魁匾和乡贤匾。其中的"文魁"、"乡贤"匾是清代的原物，古朴简洁，弥足珍贵。步口梁上有"嘉禾陈氏大宗祠"匾，系由国民党元老陈立夫所题。

【31】

浦园陈氏大宗祠是厦门嘉禾陈氏的总祠。族人认为自从三世祖陈夷则，居浦园社繁衍至今。祖祠左侧墙上，挂满了各个分支宗亲送的牌匾，美词褒语，目不暇接，如：丕振家声、玉堂生辉、高堂旭日、嘉禾枬辉、祗循先德、棠棣竞秀、孝思维永等。每年农历十一月十五日，陈氏族人都要从四面八方汇集到大宗祠举行隆重的祭拜

陈氏大宗祠祖龛的镂雕笼扇门

仪式。浦园大宗祠前坐着的老者，口中喃喃地说："浦园是块秧地，能分的都出去了。'秧地不肥'啊！"嘉禾陈姓子孙，就像秧苗一样遍布四方，浦园就像是孕育了这些秧苗的秧地一样，付出了肥水，自己却不如其他秧苗的兴旺。

浦园这个古老的村社，就如陈氏宗祠一样，斑驳与苍老同在，蕴藏着历史的厚重，生机和希望并存，淡定地迎接一个又一个明天。

文/图：黄国富

"北薛"肇居地

——湖里区禾山街道安兜社

安兜村位于湖里区中北部，是禾山街道枋湖社区的一个自然村，北临埭辽水库，西靠厦门国际机场，西南以鹰厦铁路为界，南枕薛岭山，东临五缘湾。

"南陈北薛"是最早开发厦门岛的先驱，安兜是北薛后人在厦门的居住地之一。唐中晚期，薛氏族人从福安迁徙嘉禾里（今厦门），最后定居林后、薛岭和安兜村一带。

一、传统村落

谈到厦门的历史和文化，大家公认以"南陈北薛"为最早。据地方志记载，唐代时有陈氏和薛氏两家，为定居嘉禾屿（厦门岛）的最早汉人之一。陈氏居南，薛氏居北，分居于薛岭山之南北，号称"南陈北薛"。《泉州府志》云："薛岭，在洪济山西北，薛令之裔孙徙家于此。南为陈黯所居，故号南陈北薛。"朱熹在《金榜山记》中说："金榜山，在嘉禾廿三都。北有岭曰薛岭，岭之南，唐文士陈黯公居焉。岭之北，薛令之孙徙居于此。时号南陈北薛。"这是最早出现"南陈北薛"这一称呼的记载。据朱子所说，我们可知厦门岛南北之分，是以薛岭为界，陈黯隐居于金榜山，在薛岭之南，薛令之之孙住在薛岭之北，故称"南陈北薛"。

厦门博物馆收藏的一块清代光绪年间海防同知徐树渊颁立的告示碑中云："……禾山林后、庵兜，两社毗连，同宗共祖，分作四房头。公建大宗祠，址在林后社中……""林后祖祠为合族四房肇基之祖，妥先灵，荫后嗣……"从此碑我们可知林后薛氏宗祠是林后、安（庵）兜薛氏四房头的总祠，安兜原名叫庵兜。

安兜村的由来有一个传说。据村中耆老所言，古代此地有一座白莲古庵（现已重建），庵内奉祀观音大士，安兜村薛姓的开基祖薛德辉曾借住于此。考举功成后，视"庵"为"兜"，闽南话"兜"即家，如"咱们家"即"阮兜"，因此村名叫"庵兜"，意为以庵为家。清末及抗日时期，岛内发生严重瘟疫，庵兜村都平安无事，庵兜就改成安兜，祈平安吉祥，安居乐业。

安兜常住人口1200余人，薛姓居民600多人，超过半数，还有一些其他姓氏的居民——洪、孙、陈、林等。早先的安兜是薛姓单姓村，现在的其他姓氏，一部分早期从南安、安溪等来安兜打工迁入的；另一部分是1941年，日军侵占厦门时，在安兜、林后西北部建军用机场，强拆坑黄、斗门、垵垅尾、下尾、陈厝、龚厝、刘厝、内英、后莲、后莲尾、竹仔林、吴仙宫等13个村社，致使数千村民流离失所，有些在安兜定居下来。自此，安兜村就变成了一个杂姓村。

安兜村只有薛姓有宗祠。薛家宗祠坐落于安兜山北麓，坐西北朝东南，是一座由院门、围墙和主体建筑构成的闽南传统建筑。砖木石结构，前有埕院，左右有护厝。主体建筑燕尾翘脊硬山顶，尾脊上饰有鳄鱼，屋顶覆盖板瓦，在近垂脊处各覆盖五条黄色琉璃瓦。建筑面阔三间两柱，明间后轩为祖先神龛，神龛精雕簇新，金碧辉煌。内供奉着七块神主，即薛姓历代祖妣和安兜薛姓的开基祖牌。祠堂内的神龛柱上的对联为："开基播衍，村名林后；二房分支，社建安兜。"廊柱上的对联为："弘扬家风，忠孝廉节；恪守祖训，敦亲睦邻。"

安兜是北薛的肇居地，历代乡贤辈出，文化底蕴深厚，"南陈北薛"的后裔都是文人之后，对厦门历史的发展有着正面积极的影响。在宋代，他们也继承了唐以来的风气，考中进士的就有林裴、陈敦仁、薛舜俞、薛舜庸、薛梦纯和杜孟肃等人。其中薛舜俞、薛舜庸是同胞兄弟，梦纯是舜庸的儿子，一门三进士，传为美谈。正如薛家宗祠对联云："祖本名宦沿书进士第，宗承斡官县尉乡贤家。"朱熹来到厦门，听到这个故事，在金榜山陈黯读书处，写下"应喜斯文今不泯"，以抒文风不衰之慨。现在在安兜的居民区中，尚有薛舜俞墓，此墓是1962年公布的厦门市文物保护单位，但在"文革"中遭到较严重的毁坏，现仅存一小空地，地上已无墓葬痕迹，一幢高高的钢筋水泥楼房"长"在墓的上面。

厦门人具有勤劳勇敢和开拓的精神，鸦片战争后，厦门被开辟为对外通商口岸，安兜薛氏纷纷下南洋谋生。他们在外勤劳工作，或务农或打工或经商，取得了

残存的薛舜俞墓

相当大的成功。经商致富后的他们，为了光宗耀祖，回到家乡或寄钱回家，在家乡建起了规模宏大的精美的闽南传统民居。安兜的菲律宾华侨薛芬士也不例外。

薛芬士祖籍安兜，是菲律宾著名的华侨领袖，曾任马尼拉中华商会的会长。1883年，生于菲律宾马尼拉。1913年，创办中华会所、中华中学、崇华医院等。抗战爆发后，任"华侨援助抗敌委员会"副主席。曾被日寇囚禁近一年。1952年，任华侨救国联合会菲律宾地区常务理事。1928年，薛芬士、薛煜添、薛拱年与南安华侨吴记霍在厦门五通创办的"厦门五通航空学校"，是当时全国最早的三大航校之一。

薛芬士祖宅坐落在安兜村中心，是一座典型的闽南红砖大厝。坐北朝

一、传统村落

薛芬士宅大门全景

南，由前后两进及左右护厝组成，第一进主体建筑为硬山顶，梁均架于墙体上，叠顶，双燕尾脊，面阔三间，进深两间。第二进为单条燕尾脊，面阔三间，进深两间。此宅装饰十分精美，主要有狮子、花鸟、钱纹等木雕。第一进正立面墙体有几何纹拼砖图案，水车堵有灰塑、彩绘等手法制作的山水风景图。石雕有花卉的柱础和花草纹装饰的柜台脚，墙体上有狮子、花卉等砖雕，屋脊上有花卉剪粘。房屋占地近千平方米，庭前有大石埕，埕东面有一古井，房屋所用石材、木料、砖瓦皆是上品。虽经100多年日晒夜露，风吹雨打，依然靓丽如新，韵味悠长。

薛芬士宅木雕

【35】

随着城市化进程的推进，安兜村民的农耕生活一去不返，但与千年农业社会相伴而生的民俗信仰和宗族祭祀依然得到较为完整的保留。

　　安兜青辰宫，由林后青龙宫分炉而来，建于乾隆年间。坐东朝西，由前后两进主体建筑组成的闽南传统建筑，前殿硬山顶，假叠顶燕尾脊，正脊中间立有宝瓶，两端饰两条青色卷龙构成双龙戏珠的装饰，边脊也饰有两条青龙，屋脊的水车堵还有花草剪粘，屋顶垂脊牌仔头也装饰有两层楼的宫殿剪粘，覆盖绿色琉璃瓦。前殿的廊上有两根龙柱，用泉州白花岗岩雕刻而成。柱上攀附着一条龙，龙身朝下盘卷，龙头奋力向上昂起，底部是青斗石雕成的鼓形缠枝花草纹柱础，整根龙柱造型浑厚大气。前殿的台基为石雕柜台脚，两边裙堵雕麒麟和暗八仙，身堵的中间镶嵌着圆形透雕的夔龙纹的"螭龙窗"，周边饰以宝瓶、荷花和宝瓶、牡丹，象征着平安多子和平安富贵。顶堵上还雕刻着凤、象、鹿、猴、蜂等表达祥瑞平安、福禄与封侯之意。梁枋、雀替等处饰有木雕狮子和花卉，大门两边还有一对青斗石狮子。后殿为单条燕尾脊硬山顶，面阔三间，进深一间。此宫造型精美，装饰华丽，闽南传统建筑工艺石雕、木雕、剪粘、彩绘在这里都得到完美的诠释。

青辰宫全景

一、传统村落

青辰宫供奉妈祖、玄天上帝、关帝和薛德辉元帅。每年妈祖诞辰三月二十二日，安兜村民都要抬妈祖神像到何厝东澳海边妈祖顺济宫进香，并在本村内抬神像巡游和"钉五方"。农历七月的普渡日，村民除了在自己家祭拜，还会参加青辰宫举办的祭拜仪式。在上述各种宗教仪式中，除了祭拜、巡游、做醮等活动外，通常都要在青辰宫的戏台演戏酬神。

庙堂就是凝聚和团结各地族亲和海内外侨胞的纽带，是悠远岁月深处的明灯，是和遥远祖先对话的殿堂，是追寻血脉之源的圣地。

自元至正五年（1345年），厦门安兜薛舜俞（南宋绍熙元年进士）后裔薛成济为避战乱而渡海迁居浯洲（金门岛），明清时期，薛氏部分族人纷纷过台湾，下南洋，开枝散叶，蔚为大族。现在金门珠山成了薛氏后裔聚居的古村，他们基本上源出厦门薛氏。金门珠山薛氏宗亲播迁金门已有600多年，厦、金两门薛氏历久弥亲，2014年，他们组团回厦门林后薛家宗祠举行祭祖大典，开展两岸宗亲联谊活动，并带来了薛氏宗亲祭祖原有的古礼流程。自此，厦门薛氏祭祖大典恢复了传统古礼。阔别多年的两岸薛氏血脉亲情，终于得到接续。

厦门改革开放以来，安兜变成了典型的城中村，外来人口多达几万人。昔日的红墙灰瓦、灵动的飞檐、精美的雕刻、古老的水井、幽静的石板路，就这样慢慢消失在现代钢筋水泥的丛林中，取而代之的是出租房、食杂店、小吃店、商场、网吧、建材批发等。安兜在经济繁荣的同时，曾出现治安复杂、交通拥挤不堪、环境脏乱等问题，成了脏乱差的村庄。现在的安兜村，作为湖里区"美丽厦门共同缔造"试点社区的第一批示范点，经过改造和提升，翻身成了洁净社区。

为了展示安兜悠久的历史文化，增强村民的凝聚力，安兜人在湖里区政府的帮助下，将村口的一堵旧墙改造成历史文化长廊。年代久远的地契，

青辰宫龙柱

厦门文史丛书
厦｜门｜传｜统｜村｜落

旧墙改造成的历史文化长廊

夹杂在水泥建筑中的古民居

古厝民居屋前的红砖纹饰

古厝民居中的精美木雕

一、传统村落

祖传百年的瓷器，珍藏的老旧照片，这些承载历史沉淀的物品变成图片，展示在历史文化长廊上，讲述安兜村那过去的陈年旧事，激活记忆中的美好以往。

文/图：赖建泓

闽王信仰属龙源，文化传承在薛岭

——湖里区江头街道薛岭村

薛岭村位于厦门市的几何中心，隶属湖里区江头街道后浦社区的一个自然村，坐落在薛岭山上。北有园山，西依筼筜湖，东据钟宅湾。据史料记载，薛岭社范围最大的时候，东到园山路，南到浦园，西到祥店，北到枋湖一带。

薛岭村历史悠久，是厦门岛最初的开发地，清道光《厦门志》卷二的《分域略·形势》，杨国春在《鹭江山水形势记》云，厦门之形势，"又东起东阮山，傍抽一支，结蓝后、坂上、钟宅等乡。前东向断跌，翻转南行，一山横列二里许，双龙合结。中有天池养荫龙气，名薛岭山"。

薛岭的得名与薛姓有关，史籍与民间传说都认为薛岭是由薛令之的孙子薛沙在唐代开基的。谈到厦门的历史和文化，大家公认以"南陈北薛"为最早。据地方志记载，唐代时有陈氏和薛氏两家，为定居嘉禾屿（厦门岛）的最早汉人家族之一，陈氏居南，薛氏居北，分居于薛岭山之南北，号称"南陈北薛"。朱熹在《金榜山记》中说："金榜山，在嘉禾廿三都。北有岭曰薛岭，岭之南，唐文士陈黯公居焉。岭之北，薛令之孙徙居于此。时号南陈北薛。"这是最早出现"南陈北薛"这一称呼的记载。据朱子所说，南北之分，是以薛岭为界，陈黯隐居于金榜山，在薛岭之南，薛令之之孙住在薛岭之北，故称"南陈北薛"。《名胜记》云："薛岭，在洪济山西北。唐薛沙居于此，人遂称其所居为薛岭。岭之南，唐陈黯宅在焉。时号南陈北薛。"《泉州府志》亦云："薛岭，在洪济山西北，薛令之裔孙徙家于此。南为陈黯所居，故号南陈北薛。"朱子早就说北薛是"薛令之之孙"，不是薛令之，《泉州府志》说是"薛令之裔孙"，似更准确。

薛岭社沿山体而建，民房高低错落。社区南北纵贯一条通道，从南到北，从低往高处爬升。薛岭社原为农业村，20世纪90年代村中耕地被征用，居民在宅基地建起了出租房。2003年，薛岭社所在的后埔村撤村改居，薛岭成为厦门岛内为数不多的城中村，社区介于"城市与农村"之间。随着周围社区城市化的改造，现代化小区、写字楼及高级公寓拔地而起，它处在繁华城市的边缘，因为有着珍贵的文化资源，依然保存着那一丝丝传统的气息。

穿梭在薛岭纵横交错的狭小巷道里，一路打听，早已找不到薛姓人家。现在薛岭社居民以陈姓居多，清末民初时，一场瘟疫席卷薛岭，居民死亡大半。为躲避瘟疫，薛姓开始外迁，分别迁到林后、安兜两地。

据厦门大学石奕龙教授在《厦门后埔村薛岭社的龙源宫与居民》一文中考证，现薛岭村的大姓为陈姓，其祠堂称"思翰堂"，在祠堂的神龛上的对联"丙洲衍派本宗源，薛岭传裔成家族"，表明他们来自同安西柯镇的丙洲岛。丙洲陈姓迁入薛岭村是在明代，开基祖为陈文英，至今有500多年的历史。

薛岭社的第二大姓是叶姓。他们祖籍地是同安县的莲花乡，后有人迁到莲坂发展，而后又有人从莲坂再迁到薛岭居住。原有祠堂，在抗战期间被日本人烧后，没有重修起来。

李姓是薛岭的第三大姓，他们来自集美区后溪镇的兑山村，在此繁衍了五六代。他们没有祖祠，每年正月初八日，李姓会有人回后溪镇兑山村祭祖。

薛岭古建筑是闽南传统建筑的重要组成部分，它既有中国传统建筑中轴对称、严整、封闭的文化因素，又有闽南地域建筑特色。薛岭村目前保存最好的传统建筑主要有龙源宫、陈氏祠堂以及陈氏小宗等。

薛岭陈氏宗祠"思翰堂"。思翰堂位于薛岭社中心，民居建在周边，"文革"时期被毁坏。1998年，村民集资重修成现今的建筑格局。新落成的陈氏宗祠是一小四合院，主体为面阔三间，进深两间的硬山顶建筑，燕尾脊。屋脊上饰有"鳌鱼"与"鱼吻"，此为闽南地区宗祠的标志之一。陈氏宗祠的院门上则绘有手持长柄斧头，背插四面"靠旗"的戏装神荼、郁垒，梁柱上绘有各种山水花鸟人物，笼扇的身堵均画有平安、富贵等象征性的图案，裙堵则饰以花鸟山水等图案。

在陈氏宗祠的正脊两边各装饰着一个剪粘，这是闽南传统建筑的一种装饰工艺，先以铅丝、铁丝制成景架、支架等，再以灰泥塑成坯，然后在

一、传统村落

思翰堂神龛

陈氏小宗隔扇木雕　　　　　　　陈氏小宗红砖墙

坯的表面粘上各色瓷片、玻璃片或贝壳等，构成色彩鲜艳的雕塑作品。人物的剪粘装饰在屋顶和墙壁的壁堵部分，屋顶的正脊、脊堵、脊头、规带、牌头、印头都是装饰剪粘的重点，图案通常有花鸟、仙人、人物、麒麟、龙、凤、鳌鱼等，有美化装饰的功能，又具有福禄寿、避邪等象征意义。陈氏宗祠后落的脊堵与门楼屋脊的脊堵上也饰有花鸟剪粘，后落的垂脊末端的牌仔头上则装饰着戏剧人物。

　　如今的陈氏宗祠更多成为族人休闲、娱乐的场所，大家坐在大堂内边泡茶边谈论，悠闲的老人们倒着茶，有一搭没一搭地说着过去的事，慢慢回顾陈氏定居薛岭的由来。

　　据《有虞衍派陈氏世系太傅源流》记载，远在唐初，原籍京兆府万年县（今陕西西安）的望族陈邕迁入漳州，后来他的儿子陈夷则迁居鹭岛，太傅派陈氏开始在厦门繁衍。后明成化年间，丙洲陈文英率三子迁忧薛岭南麓，成为薛岭的开基祖，到今已有500多年的历史了。

　　鸦片战争后，厦门被开辟为对外通商口岸，外来殖民者纷纷涌入，村民出洋谋生，在东南亚等地打工。后经营生意，致富发达后，回乡建房，光宗耀祖。陈朝见、陈朝听兄弟系旅菲华侨，烟草商人，为薛岭"朝"字辈子孙，致富后，于光绪六年（1880年）在薛岭建了一座豪宅——俗称"大六路"的陈氏小宗。由前堂、正堂、天井和双护厝组成，占地1280平方米。砖木结构，穿斗式梁架，硬山顶，燕尾式双翘脊。墙身为嵌砖拼图装饰，屋檐有彩塑剪粘，厝前落凹寿的镜面墙身堵，用大六角形红砖与工字形红砖拼花，次间镜面墙的身堵用八角形红砖与六角形红砖拼花，后凹寿的身堵则用红砖拼出变形菱纹与金钱纹的拼花。陈氏小宗右边护厝的墙堵装饰

一、传统村落

着大象、宝瓶、牡丹花等灰塑图案，象征着大吉祥。另一面装饰着由麒麟、宝瓶、花卉、蟠桃等构成的灰塑图案，象征着麒麟献瑞。

走进村中，村中心的古榕树下，一座装饰精美的闽南庙宇"龙源宫"映入眼帘，香火旺盛，定期举行的祭祀活动为这里增添了不少人气。在薛岭社的各式民居中，在淡淡的阳光下，弧线优美的曲线燕尾脊，精美的石雕与木雕，不禁令人叹为观止。龙源宫至今仍存留清代宫庙建筑的格局，并完好保留了清代木、石雕匠师"对场竞作"后的工艺成果。其建筑木雕、石雕美轮美奂，工艺技术精湛，是鹭岛不可多得的物质文化与非物质文化遗产。

龙源宫坐东北朝西南，由前后二进主体建筑组成，中有连廊，两侧为天井，抬梁式构架。总进深40米，总面宽9.5米。第一进为重檐，歇山顶，平脊，马鞍形山墙，面阔三间四柱，进深一间，并有檐廊。第二进为单条燕尾脊，面阔三间二柱，进深三间四柱。庙堂内的木构件雕梁画栋，金碧辉煌，美轮美奂，在梁架、雀替等处刻有凤鸟、狮子、象、花卉等木雕。龙源宫的大门上绘着有油饰彩画的门神——尉迟恭和秦琼，侧门画着两太监，各持圣旨、令旗、印鉴与宝剑，即民间所谓的剑监和印监。

龙源宫全景

龙源宫梁架雀替处的木雕

龙源宫庙堂内的雕梁画栋

一、传统村落

　　龙源宫的覆盖亭的正脊上，饰两条青龙。两条龙身躯蜿蜒，头向着屋脊正中的太阳纹龙珠，意为双龙抢珠。垂脊顶端各饰一小庙宇，前厅正脊的两边各饰着一条金灿灿的黄色鸱尾，正殿的正脊装饰着回头向内的青龙，在亭中的脊堵上装饰着各种花卉，屋檐的边沿上装饰着各种骑着神兽的神将。

　　最精美的莫过于龙源宫的石雕了。前殿中间的廊柱为彩绘花岗岩龙柱，在雕刻云雷纹的金瓜形柱础上，卷龙攀援而上，活灵活现，栩栩如生。前殿的凹寿镜面墙台基

龙源宫牌匾

龙源宫彩绘花岗岩龙柱

龙源宫正殿左边的白虎石雕

龙源宫正殿右边的青龙石雕

龙源宫侧门的油彩剑监（1）

龙源宫侧门的油彩印监（2）

一、传统村落

雕刻成柜台脚，两边的裙堵各雕刻一只麒麟和"暗八仙"，中间为青石透雕夔龙纹窗棂的"螭虎窗"，周边饰以宝瓶、荷花、牡丹，以及凤象鹿猴等祥瑞之物，在大门的石制门楣上也饰有精美的双龙戏珠、天官赐福等浮雕。

龙源宫正殿正中为神龛，中间供奉红脸的开闽王王审知（俗称都督府王或大公祖），左边供奉赭色脸的保生大帝（俗称大道公），右边供奉一尊立身的开闽王王审知的神像，村民俗称此为二公祖。庙前有近千平方米的

龙源宫的螭虎窗和麒麟堵

龙源宫大门石楣的天官赐福、太平有象浮雕

庙前埕，西北方向建有戏台。它是厦门岛唯一供奉"闽王"王审知的宫庙，在闽南民众甚至海外华侨的心目中颇有声望，被认为是与南普陀、龙湫亭、金鸡亭并列的四大庙之一。据史料记载和村中耆老回忆，龙源宫是厦门禾山十九保之一庆湖保所辖的薛岭、祥店、梧桐、后埔、卢厝、枋湖、浦园、刘厝八个村的公庙。龙源宫庙正殿庙内八角石柱对联云："龙祖白礁，神化千回玉岭；源宗固始，恩波四达庆湖。"从中可看出薛岭过去曾雅称"玉岭"。

龙源宫的香炉

龙源宫正中的神龛

一、传统村落

龙源宫正殿八角石柱左联　　　　　龙源宫正殿八角石柱右联

虽然随着城市化进程的推进，薛岭的农耕生活一去不返，但与千年农业社会相伴而生的民俗信仰和宗族祭祀，在薛岭村得到较为完整的保留。薛岭的老人们至今仍用农历计日，这确保村民不会错过给菩萨和祖先祭献的日子。这种祭祀民俗已成为薛岭人生活中不可或缺的组成部分。

薛岭村民在每年的农历二月十五日、八月十五日和冬至都要"孝祖"，通常是煮一些菜去敬奉，并给祖先烧一些银纸。在举行这类仪式的时候，有祖厝的姓氏在祖厝敬，没有祖厝的就在自己家中敬。与其他地方每年举办的春秋大祭有所不同，陈氏祠堂一年只举办冬祭一次，时间就在冬至这一天。

抗英名将陈化成将军任福建水师提督驻节厦门期间，也曾到薛岭陈氏宗祠思翰堂祭奠先贤，并在祠堂撰写"丙洲衍派本宗源，薛岭传裔成家族"。抚今追昔，抒发其"木本水源"的感慨。

冬至，每家每户都出钱出力到祠堂祭祖。祠堂理事会将族人所捐款项公布于众，除去置办祭祖仪式所需的物品，剩下的用于全族的聚餐。这天，薛岭陈姓每户派一人参加，除本村民外，还有附近村庄的陈姓宗亲，如浦园、同安丙洲也有宗亲前来参加祭祖，安溪县举溪村陈姓为厦门陈姓衍派的一支，其村主任也代表宗亲前来参加祭祀。简单的祭拜仪式完成后，男人们张罗着招待前来祭祖的宗亲，妇女们则聚集在祠堂内的厨房忙着准备各式菜肴，祠堂前的水泥埕排起十几张桌子。族人陆续上座，在觥筹交错中加强了宗族内部的联系，加深了族亲的亲情。

每年的农历三月十五日和四月二十四日是龙源宫的公共祭祀日。三月十五日为保生大帝的生日，此前龙源宫会派人到白礁、青礁的保生大帝祖庙"请火"。回来以后举行本庙的祭祀仪式，届时村里各家各户都会来烧香祭拜。四月二十四日为都督府王王审知（大公祖）的生日。薛岭村几乎人人都信奉闽王。

除这两个神灵的诞辰外，薛岭由宫庙组织的公祭仪式还有正月十五日的村神"犁山"巡境，即在上元节期间，龙源宫供奉的各神灵须抬出去，由"三坛头"领着在薛岭社周围勘界、钉符、巡游。回来后，中坛元帅和虎爷的神辇还要在庙前的水泥埕上"掀辇"，让去年新婚的媳妇给掀辇运动中的神辇"插香"，如插不到，晚上会有人到她家去闹腾。实际这是让村民认识

薛岭的民俗活动

一、传统村落

新娶进媳妇的一种方式。现改为巡境"吃香位"，龙源宫是薛岭、祥店、梧桐、后埔、卢厝、枋湖、浦园、刘厝等八个村共有的庙宇，所以这些村民也会请大公祖去"吃香位"。如正月初六日到初八日，梧桐、枋湖请，正月二十三日到二十四日，则由后埔、祥店等轮流请。每隔三年，薛岭还要在龙源宫举办俗称"做好事"的"送王"仪式。这种仪式通常都在农历十月里进行，具体日期在十月前由宫庙理事会的人在神灵面前"卜贝"来确定。

在薛岭，龙源宫已成为当地社区和谐的精神寄托。常有港、台以及海外宗亲回来寻宗问祖，朝拜祖庙。它也是薛岭村民民俗活动的中心场所，在各种祭祀中，龙源宫的庙前埕都配套有舞龙舞狮、腰鼓、化装踩街及连续的搭台演戏等一系列的民俗活动。近来还兼放电影，以雅俗共赏的形式，在社区居民中形成了大规模的文化交流模式，将民间信仰与大众喜闻乐见的民俗文化结合起来。

薛岭村以陈氏宗亲为主要力量，抱着文化遗产传承人的态度，把对祖先的祭拜、对先贤的敬仰和怀念寓于祭祀的仪式之中，包括感恩的理念、化怨为和、劝人为善、助人为乐、造福于人等精神，潜移默化，净化着人们的身心，充分体现了中华民族传统的文化精神。

文/图：赖建泓

城中的坚守

——湖里区禾山街道林后村

在厦门机场南约1000米的城市街区，有一个并不知名的城中村，那就是厦门市湖里区禾山街道枋湖行政村林后自然村。相传它因古时候村东边有大片的森林而得名。

林后村历史悠久，根源于中原，属于南迁汉族聚居的闽南村落。今绝大多数村民姓薛，他们的先祖最早居此。后来外姓族人迁入，尤其是抗战时，由于日军强拆今高崎机场一带的村落而迁入的林、高、苏等姓族人，使林后村最终成为杂姓村。

薛姓族人是唐代最早迁居和开发厦门岛的"南陈北薛"两大族姓之一，

原是河南河东一带的望族，唐初入闽，唐代中期由福建福安迁厦门岛薛岭等地。林后薛姓族人当为其支系，因而其始祖被认为是福建历史上的第一位进士——唐代的薛令之。今天薛家宗祠中仍彰显他的存在和影响，如祠内有薛令之的牌位、清乾隆时所刻立的"唐侍御薛公墓"碑（即薛令之的墓碑）和"东宫侍御"之匾，后者表明薛令之曾当过左补阙兼太子侍读。

到南宋时，被认为是先祖的薛舜俞、薛舜庸兄弟于绍熙元年（1190年）和四年相继登第中进士，文学宦绩，辉映当时，一直被当做族人的骄傲。

1998年所立的《兴修薛家宗祠碑记》记述了林后薛姓的先祖，先说其先祖是薛令之，而后又说他们的始祖是明英宗正统十四年（1450年）从福建省长泰县山重村迁来的薛季卿。对于这两段不一致的记载，厦门大学教授郑振满先生认为是相互矛盾的，必有一说不正确。他认为当属后说正确。但从《金门薛氏族谱》看，我们又看到了另外的故事。谱中记录了薛舜俞再迁银同（同安县），生育三子，长子薛贞明住长泰县，说明薛贞明曾迁居长泰县。据此推断，明代的薛季卿当属宋代薛贞明的后裔。依照《金门薛氏族谱》，薛姓的缺环谱系正好可补，也化解了此碑前后两段说法的矛盾。这也是我写林后村这篇小文的意外收获。如果北宋薛舜俞再迁银同时就住在林后村，那么林后村的历史当在千年以上，即使从最为明确的明代薛季卿迁来林后算起，该村至少也有565年的历史。

林后村有丰富多彩的传统文化内涵，吸引着人们的眼球。这里至今还保存有较多的闽南传统古建筑，宫庙有青龙宫、薛家宗祠，民居有薛水潮宅、薛安慈宅、孙天思宅、孙世生宅、孙唤生宅等。这些精美的建筑建于清代，大多为前后两座主体建筑，规模较大的左右两侧各有一列护厝。这些传统的三合院、四合院建筑，中轴对称，布局严谨，协调和谐，方向大体一致，无论是作为宫庙的青龙宫、薛家宗祠，还是作为居家的薛水潮宅、薛安慈宅、孙天思宅，均朝向东南，只有孙世生宅、孙唤生宅等宅朝向东北。这种因地制宜和聚族而居的特点，可以说是中国传统村落活的灵魂。它充分地利用空间，节省用地，更利于家族的团结和凝聚力量。

林后的古建筑大小适中，较为精致，是中国古代汉族建筑南传的一个分支。它没有海沧新垵一带古建筑那么豪华，但大多数古建筑也都有装饰，有的在大门或院门两侧的墙体上有几何形或文字的拼砖图案，如薛水潮宅的左厢房前端外墙上有"金玉满堂"的篆字，院正门两侧有"卐"字纹拼砖图案，主体建筑的大门两侧及上方大都有六边形的拼砖图案装饰。主体建筑的门廊两侧的梁枋上大都有精美的木雕装饰，主要内容有狮、象、凤鸟、

一、传统村落

螭龙、花卉、人物故事等，见证和反映了传统建筑的艺术成就。

　　祠堂是传统文化的集中体现。林后只有薛氏宗祠，又名"孝思堂"，尽管早在日寇侵略厦门时被毁，1998年重建，但仍富有传统文化的因子。抬眼往上，只见水车堵中彩画飞扬，既有凤鸟，象征吉祥，又有麒麟，寓意送子。大门上画的宝瓶牡丹，寄托人们追求"富贵平安"。祠堂有很多对联，在大门两侧，还有走廊、明间、神龛的柱上均有体现。这些对联字体精美，寓意深刻，引人思考，催人向上。当你看廊柱上的对联"慎终追远典祀千年重，积厚流光绵延百世昌"时，能不想起自己的家族？能不想起自己的责任和荣光？家族祭祖，常规常行。这就是对传统文化的继承和发扬，也反映出中国人守孝道、敬祖重德、永不忘本的精神境界。祠内保存有清代的石柱础，此外20世纪80年代时还有"尚书"匾原件等文物。

　　村南有著名的古庙——青龙宫，始建年代不详。从宫中有雍正戊申年（1728年）的石香炉看，清朝前期此宫已经存在。这是林后村最美和最值得思古的地方。前殿的正立面保持原状，古色古香，门廊上有一对精美的龙柱，雕工精湛，双龙翻腾，圆形螭龙镂空窗雕刻精细。屋顶盖青色筒瓦，肃穆庄重，在凝重的氛围上，假叠顶双燕尾屋脊却极其夸张地上翘飞扬。

湖里区禾山街道林后社薛氏宗祠

湖里区禾山街道林后社青龙宫

正中屋脊上双龙戏珠，周边群龙起舞，仿佛一片欢腾的海洋。这里也有很多对联，其中前殿廊柱上的对联是："上思利民，自西自东自南自北；帝德广运，乃圣乃神乃武乃文。"后殿的廊柱上的对联为："玄伏龟蛇归静生气安万民，天降祥云还将新像展鸿图。"这些对联均为古代高手所撰，前联对仗之工，可谓完美；后者意境之远，超出想象。这些对联不仅有很高的文学价值，还暗含了此宫原先的供奉主神是玄天上帝，即真武大帝。尽管现在宫内已非原貌，加上1967年宫内的神像、辇、锣鼓、彩旗等均

湖里区禾山街道林后社青龙宫的石龙柱

一、传统村落

被烧毁不存，但我们今天只要从这些对联的描述中，也能推知其主要供奉的对象。这也是对联对考古的作用吧。

宫内供奉的神像在1978年得到了恢复，主龛上中为金脸的玄天上帝，左边为妈祖，右侧为保生大帝，龛前的神案上有佛祖、观音、齐天大圣、哪吒、虎爷一班佛道陪神；左次间有注生娘娘，右次间为阎罗王。道佛本不是一家，这么多道佛乃至传说中的人物神祇糅杂置于一宫，既反映了闽南传统文化中的多神崇拜，也反映了林后村民贪图祭拜的方便和实用主义的宗教观念。

青龙宫是林后村民的主要宗教活动场所，各种祭拜活动仪式相当频繁。在农历每年正月初一、十五日，村民都要到宫里去烧香祭拜。每年正月十五到十七日，林后村民都要来此宫举办俗称"走火把"的禳神巡游仪式，他们手拿火把，将玄天上帝、保生大帝、妈祖的神像恭奉上辇，绕村抬游，一路前呼后拥，汇成火龙，以示驱邪纳吉。在每年七月十六日的林后普渡日，村民也要来祭拜，八月要请道士来此宫里做"平安醮"，并请戏班来演戏。此外每逢农历猪、兔、羊年的十月，还要照例举办一次俗称"做好事"的"王爷"祭祀活动，并抬神像游村，用纸扎王爷神像和轿子，请王爷像来坐镇，并举办仪式，最后将王爷神像和轿子都烧掉。通过这些祭拜、巡游、做醮，达到禳神去灾的目的。同时还要请戏班来演戏，放电影来娱神娱民。

林后村的古民宅，一般都不大，既有四合院，也有三合院，薛安慈宅、孙世生宅、孙涣生宅等，都属清代建筑。

薛安慈宅是由前后两进土体建筑及右护厝组成的闽南传统建筑，方向110°，总进深19.5米，总面宽17.5米。砖木石结构，第一、二进均硬山顶，梁均架于墙体上，单条燕尾脊，面阔三间，进深两间。此宅装饰较为精美，主要有狮子、花鸟等木雕。此外，过水廊还有几何纹的拼砖组成的透雕窗，也较为精致。

孙世生宅也是由主体建筑及左右厢房组成的闽南传统建筑，方向15°，进深11.4米，总面宽16米。硬山顶，梁均架于墙体上，单条燕尾脊。主体建筑面阔三间，进深两间。左右厢房平脊，马鞍形山墙，面阔两间，进深一间。此宅装饰十分精美，主要有狮子、花鸟等木雕，墙体正立面有几何纹的拼砖图案，对研究厦门地区的古建筑有一定的价值。2006年，该宅左右护厝被拆建新楼。孙世生的祖上曾去新加坡打拼。

林后村不仅保存有这么多传统的文化，更是台湾同胞、海外侨胞寻根祭祖，寄托乡愁的热点所在。历史上，林后薛姓族人漂洋过海，先后迁居

湖里区枋湖街道林后社 326 号孙涣生宅（1）

湖里区枋湖街道林后社 326 号孙涣生宅（2）

一、传统村落

金门珠山，台湾高雄、台北、彰化以及南洋各地（主要是菲律宾、印尼、新加坡），因而林后是这些薛氏族人的祖籍地。而历史悠久的薛氏宗祠，则是合族四房肇基之祖祠，吸引着各地的薛姓族人回来祭祖、参观。祭祖通常在薛氏宗祠内进行。在祭祖活动中，各地薛姓族人的亲情和联系都得到了加强。基于林后薛氏宗祠在海内外的影响，其已被厦门市政府列为涉台文物古迹。此外青龙宫也是金门、台湾和海外薛姓宗亲回来必去进香的宫庙之一，也已被公布为厦门涉台文物古迹。2005年以来，回林后祭祖的薛姓宗亲络绎不绝，如2005年印尼华侨薛德成率亲人一行，由印尼三宝垄前来林后寻根、祭祖。薛德成是薛姓族人在印尼的第五代，其祖先于清乾隆二十八年（1763年）出洋到印尼谋生。

时代在发展，村落在变化。在城市化进程加速和人口日益集聚的今天，林后村日益融入厦门城市的中心城区，变成新街区，全村旧貌变新颜。改革开放以来，林后村的经济发展十分迅速，外来人口不断涌入，如今村民们即使靠出租房屋生活，也能活得非常快乐和富裕。小小的林后村还保存有这么多古代文化遗迹，值得庆幸，值得保护。它们不仅是我们了解林后过去的活化石，更是传统文化深深地根植在林后人日常生活中的见证，也是不可或缺的文化遗产和资源。

文/图：陈文

鹭岛名村

——湖里区殿前街道殿前社

殿前位于厦岛西北，西接寨上，东临厦门机场，北近海，旧时福厦公路从殿前东侧绕过。殿前社民居多人口多，是厦岛最大的村落之一。民谚有"一殿（前），二何（厝），三钟宅，四莲坂"的说法。

殿前社近似圆形，北、西、南略高，中间较低，所以旧有殿前像"枷箩"之说，又有"'鼎脐穴'能聚财"之称。社中东西、南北走向的两条街正正划了个十字，交叉于正中的王公宫。这个地方旧时叫"物吃埕"（mi jia dia），是许多卖小吃的场所。十字街把殿前社分为东西南北四个角落，又叫

处在飞机航道下新旧交集的殿前

"四社"。四社至今尚有各自的土地庙。

殿前社大人多,曾有商贾云集、遍布店铺的繁荣。从清末民初到改革开放之前,社中心十字街一带,就有剃头店、米面店、豆干店、杂货店、农资店,有卖油条、蚵仔润、匙仔炸、芋粿炸的小吃摊,后来还有供销社的百货店。殿前旧称店前,社名的来历也许就因为"店铺之前"的缘故。"早年村前有店,名店前,后谐音为殿前。"又据传有族人在朝廷为官,皇帝问其家居何地,答曰店前,帝嫌其名太俗,改店为殿,遂称殿前。上述二说均为传说而已。道光《厦门志》中只有"店前"一名,说明"殿前"的出现应不早于清末。直到如今,殿前的"殿"发音如同祥店、

一、传统村落

店里的"店"（dai）而非"殿"（dian）。

先前，殿前周边山上多奇岩异石。村东南石鼓山，巨石击声如鼓，咚咚震耳，闻之悦耳；纱帽石状如古代官帽，直立高耸，赏心悦目。西北部的神山、东山、楼仔顶山，鼎足而立。神山靠海，山上多石，传说有石穴十八处，内藏金银财宝，由神仙守护而得名。1949年10月解放厦门的战役，中国人民解放军就是从神山率先登陆。神山是第一面红旗插上厦门岛的地方，所以又称旗山。20世纪60年代末修建的殿前水库，又称作旗山水库。东山上有巨石，上有仙脚迹，似仙鹤图样，称仙石。楼仔顶山巨石累累，间或有石洞，洞中有平石如床可卧，有棋盘石可奕。20世纪50年代开采石料修建高集海堤，楼仔顶山、东山岩消失殆尽，神山也削去山尖，后来成了部队的驻地。

殿前社边上，从南到西，分布着一系列的池塘，星星点点，号称七星潭。殿前东面较低，海水可以从海中大港直入妈祖宫甚至到祖祠之前。社南的高地上泉水渗出从沟里出社入海，因此又称"龙虾出港"。后来，社东的宫庙边筑了堤岸，留有涵洞过水，社人又称之为"龙须穴"。

旧时，殿前近海。海滩上是大片茂密的红树林，长着野生土鬼（海瓜子）、公虸，后来放养了花蛤、海蛏，再远些是大港。海的东面有东港，过了港是埔仔社；海的西面有西港，港那边是大石湖。从岸上到海里延伸一条长长的沙线，既长又尖，如同宝剑。潮起，剑没水中，潮退，剑尾显现，直指埔仔社的宫庙。此宫庙巍峨而立，犹如铜牌挡住剑锋。这边上有屿仔角大石，如巨大的石印，上有突出的小石，如同印纽。二者形成"剑尾铜牌、玉印镇海"的景致。

殿前陈姓聚居，是陈邕所代表的颍川陈氏"南院陈"后裔所开发。陈姓宋代从浦源（浦园）迁徙至此。社中有陈氏宗祠继周堂、从周堂、崇本堂、孝弼堂、地房祠等5座祠堂，如今，殿前社里的上林埔、下林埔、蔡后等处尚有陈姓先祖的墓葬。

北宋仁宗嘉祐年间（1056—1063年），南陈十四世陈宝率两子从周、继周开基殿前。陈继周出仕，任湖北房州县令。陈姓先人渔稼耕读，生聚日繁，蔚为岛上大村。南宋末年，元军南下，殿前惨遭兵燹，碣断碑荒，村民流离四散。二十四世陈纪明召集流散各地村民返乡重建，村庄元气逐渐复兴。

陈宝后人从殿前播迁到厦岛内外的后浦、马垅、小东山、中埔、岑头、官山、山侯亭、西亭、西滨、西园、西井、灌口、俊美等处，以及漳浦、福清、安溪、南安、温州等地。

　　明清时期，部分村民渡海到金门、台湾谋生，定居金台。清末民初，还有村民远赴东南亚，拼搏创业。因此，殿前是岛上著名的侨乡。

继周堂

　　地处殿前社中心的陈姓宗祠继周堂占地 728 平方米，建筑面积 364 平方米，始建于何时已无从考证，最近一次修缮时间是 1991 年。继周堂是一座典型的闽南宗祠建筑，单进、三开间，左右耳门，硬山顶，高扬的燕尾翘脊，装饰以剪粘、泥塑、彩绘。穿斗抬梁架构，狮座、瓜垂、雀替、员光上或浮雕或镂雕，加以彩绘贴金。明间的立柱上有许多副对联。其中藏头联"继往开泰肇基唐宋贻庆远，周而兴复传金紫发祥长"，另有"唐宋源流德泽绵绵昭百世，颍川衍派星辉昱绍芳征"，道出了殿前陈姓源流和昭穆。步廊上立有"继周堂祠记"石碑。宗祠的祖龛为一组多重殿式细雕组合木座，金碧辉煌。边上悬挂着文魁、武魁、进士、博士、民主先贤等牌匾。

　　明清以来，殿前人丁兴旺，人文荟萃。道光《厦门志》记录的进士有陈士兰、陈沃心、陈弼心；举人有陈华玖、陈一经、陈台衡、陈霄九、陈保琳、陈清晖、陈温、陈祚、陈策。"列传"中"武功"有陈弼心、陈启良；

陈氏宗祠继周堂

一、传统村落

陈氏宗祠继周堂祖龛

"孝友"有陈迪元;"义行"有陈真泰等。

殿前向来不乏名士。清代陈启良,在台湾建造海底木城,领军民同抗海盗,有诗句称"木城百雉海东隅,危难方知伟丈夫。"还有闽南小刀会起义领袖慷慨就义的陈庆真;有光绪年间任台湾艋舺参将,甲午战争中奋勇御寇,殉于军中,赐封武功将军的陈宗凯;有著名的民主革命时期的革命家陈楚楠,他创办《图南日报》,主张唤起民众,进行民主革命、推翻清廷,成为南洋华侨最早创办的革命报刊,有"南洋群岛革命党人之第一言论机关"之称。他在孙中山介绍和主誓下,加入中国同盟会并担任同盟会新加坡会长。成为孙中山在南洋开展革命活动的得力助手,民国成立后被孙中山聘为大元帅府参议。还有历任新加坡禾山公会总理、新加坡福建会馆董事,抗战时期筹赈祖国难民的陈贵贱,等等。

道光《厦门志》载,嘉禾里二十四都店前保社设有厦门社仓,专为救灾济困之用。殿前向有许多乐善好施的乡贤。

明代,陈真泰家境富裕而乐行善事,遇上荒年,他拿出家中的仓粮用

1921年华侨捐建的殿前小学

于赈济乡里,与弟弟陈阳泰,被乡人尊称为"二长者"。陈迈质,母去世后迁居同安学宫旁,嘉禾宗亲来同办事,多留宿家中,来参加考试者,更加优待。有借贷者,不取分毫利息,遇贫者焚烧其借券。又置田若干亩,作为家族祭田。清代,陈迪元建祖庙,修祖坟,置祭田,周济族戚。捐资重建"埤仔沟"后塘桥。修建黄厝村茂后桥,修筑沿海道路,便利乡人。南渡新加坡谋生,富甲一方的陈泰,捐资支持新加坡崇文阁、萃英书院等华文学校,捐献土地给当地政府建码头、仓库及蓄水池。新加坡政府在建成区命名有"陈泰坊"、"陈泰巷",以资纪念。

　　陈伯甫,缅甸殷商,关心华人社会公益事业,积极参加社会活动,被公举为缅甸华侨救济委员会主任委员,还担任缅甸华商商会副会长。新中国成立初期,他即汇入99万元巨款投资于闽、粤两省及北京。在国家三年自然灾害时期,他慷慨将多年积蓄的55公斤黄金公价折让给国家。周恩来总理生前四次会见他,盛赞他的爱国热忱。已届八秩高龄的陈伯甫仍不辞劳苦,辗转奔波于京、津、沪、宁、成、渝、粤、闽各地,免费为病人诊治,传授"棍针疗法"。1987年还在殿前开设"陈伯甫诊所"。1921年,陈伯甫和华侨陈清波、陈宜志、陈明珠、陈明元组成办学董事会,向南洋华侨募捐建一座二层校舍,兴办殿前小学,开启现代教育。90多年来,殿前小学不负先辈所望,已经成长为一所远近闻名的中心小学,早在20世纪70年代便是福建省重点小学之一。

一、传统村落

如今，行走在殿前的大街小巷，虽然是各式楼房铺天盖地，但还保留了相当数量的红砖大厝、华侨洋楼，走近一看，使人不由地唤醒内心深处的记忆。其中，位于西池口的陈贵贱新厝和东社口的陈宣志红番仔楼是其中典型的代表。

新厝

陈贵贱宅，建于1937年，由于建造年代不算久远，当地称之为"新厝"。由前后两进主体建筑及左右厢房组成，均硬山顶，单条燕尾脊。第一进为凹寿、四房，第二进面阔三间，进深两间。很有特色的是左右厢房往前延伸，与护厝连成一体，成水波状山墙。

这座红砖大厝装饰极为精美，装饰手法多样，艺术价值很高。步廊和凹寿的斗栱、通梁、垂花、通随，无不精雕细琢着花卉、云纹和人物故事，施以贴金。立面镜面墙两侧有砖拼的篆文："贵名重望、贱白轻黄"，巧妙地嵌进了主人的名字和对气节的追求。另外，还铺贴几何纹瓷砖和精致的

陈贵贱新厝

新厝的榉头立面墙

新厝的中堂彩绘

仕女瓷砖画饰。水车堵上有灰塑、彩绘等手法的村落山水图。前落拱门上方是花鸟砖雕，"清音"二字书页装饰，最上面则有凤鸟、花卉彩画。后落两侧立面是凤凰麒麟等寓意吉祥的砖雕图案，石窗两侧铺几何纹花卉瓷砖。左右厢房立面墙体的上部有拼砖拼出的"礼"、"喜"、"乐"字纹的透窗。屋脊上的花卉剪粘，墙堵上的燕子砖七巧板框饰以及厅堂木屏风上大幅"财子寿"彩绘，都堪称是本地民居装饰中的精品。

新厝房门上方的装饰

一、传统村落

红番仔楼

红番仔楼

  陈宣志楼，建造于1933年，殿前人称红番仔楼。大楼的平面呈"甲"字形，由主楼、后楼和附楼组成，体量十分庞大。其前部突出的露台和连廊，色调是水泥灰，主楼和后楼的一层侧面墙是清一色的白细琢石层，二楼和正立面则是鲜红的雁只砖红，形成灰、白、红色彩的强烈对比。

  粗大的立柱支起的双层露台最具特色。露台的藻井是一个简洁的白灰泥塑、四叶托圆花卷的西式图样。露台前方的角上以及连廊的边角并列耸立着方形立柱和圆形罗马柱，显得大气、庄严。尤其是其方形立柱，从地面直贯楼顶，给人挺拔、威严的感觉。圆形罗马柱的柱头的花卷图案十分鲜明。立柱、通梁、楼冠等西式构件的外饰清一色是水洗粗沙，十分坚固，从感官上给人沉沉的厚重感。露台角圆形罗马柱上头的梁托上，塑了四星拱铜钱穿戴的图案，隐喻着主人"财（铜钱）寿（绶带）双全"的美好愿望。

  主楼上下二层，厅堂宽阔深广，地面铺着当年非常流行的水泥花砖，虽经数十年的磨损，却依然光亮如新。顶部是实木天花板，留有小灯池，当年用华丽的枝形吊灯来营造气氛。大厅左右各是二个房间，前后房间的外侧还特别突出一个耳房,做化妆间、厕所使用。楼冠是粗短的双柱头和大卷草花纹拥着拱形的冠状,正中塑展翅飞翔的雄鹰、缀满鲜花的绶带和精巧的嵌珠心形盾图案,左右侧各有一头仰头向上的登山狮,最顶上则是狮子戏球图。露台柱廊粗犷的西洋风格到大厅前壁细腻的中国式装饰,中西合璧,体现了楼主人在吸收海外建筑精华的同时又不忘中华文化的内涵。

　　大社有大社的气魄,殿前单是土地庙就有4座。其中北社土地庙民国时期的石刻对联:"宝先于人民政事,位冠乎侯伯子男",很有意味,把土地神的地位捧得无可复加,比人民政事还值得珍宝,比侯伯子男的爵位还高。此联被收录在厦门文化名人李禧先生的《紫燕金鱼堂笔记》一书中。土地庙加上奉妈祖和保生大帝的幕青宫、奉清水祖师的清水宫、奉观音菩萨的静修寺,还有以下2座宫庙,足足有9座之多。宫庙之多,禾山第一。

中正宫

　　鹭岛名村的殿前,沉淀了许多民间习俗和故事,在这个数百年历史的古村中不断传承。位于殿前社中心的十字街口的中正宫,主奉王公、王娘,

殿前中正宫

一、传统村落

俗称王公宫，边上立有光绪二年（1876年）的告示碑，在殿前闹市中它显得有点挤迫。但是，王公宫历史悠久，民间有该宫不惧强权的故事。传说，清初清军为了对百姓支援郑成功进行报复，大肆烧杀，殿前"几为平地"。但是当清军从远处看，一片废墟中王公宫突兀屹立，走近了却全然不见，反复几番都是如此。清军被吓退。不倒的王公宫遂为殿前村民所世代敬仰。

东山宫

东山宫，在殿前社西的东山岩，上有鹤影图形，为"白鹤下田"胜景。传说白鹤成仙下凡解救黎庶疾苦，信众奉为白鹤仙祖，所以村民谓之仙祖宫。仙祖宫正殿今尚存有巨石，白鹤仙祖神像端坐其上，前有数只白鹤相伴，并有印童、剑童伺卫。仙祖宫据说始建于清代道光年间，如今的仙祖宫有山门牌楼，龙柱拜亭，左舍右廊，并有双亭。整个建筑群依山而筑，错落有致，斗拱穿梁，精雕细刻，环境闹中取静，是村民休闲聚会的好去处。每年的八月十四日是仙祖圣诞，仙祖宫各种神事庆典，形成了殿前热闹的庙会。

殿前东山宫

传说很久以前，殿前常周房人家生有五个儿子。眼看五个儿子一天天长大，父亲看着家里田园不多，房屋也挤迫，他就把这五个儿子叫来，要让他们五兄弟都到外头开拓发展。父亲给他们描绘这样的场景，要在一个离海不远的海滨，建一座大厝，有一片田园，挖一口深井，盖一个亭子。这五个儿子号称五狮（西），筚路蓝缕，在今集美一带，开辟出西园、西井、西亭、西边等村落，唯独老大又返回殿前，"还回来"，就在殿前西边的地方建厝住下，形成了"还厝"的村落。于是有了殿前最本土的俗语"还厝在殿前后"。还厝本地话发音 hing chu，后来写成珩厝。

　　美丽的故事还有许多，传说殿前出了二十八个秀才，号称"二十八秀"，演绎了和对岸排头女的一系列故事。还有，石鼓山的来历是山上的大石如鼓，这面鼓是降妖镇鬼的神鼓坐化的。还有，二个兄弟把买棺材葬父的钱做赌本，想赚钱买白灰做墓，却输了精光，于是有了"想要赚（白）灰（钱），连棺材本都倒贴"的谚语⋯⋯

　　人们还记忆犹新，在20世纪40年代初，日军强占后莲保14社做飞机场，殿前展开博大的胸怀，不仅容纳了来自陈厝同样是陈姓的宗亲，还接纳了来自斗门的洪姓和来自竹子林的周姓难民。

　　20世纪50年代，殿前农民组织了支前合作社，也就是后来支前大队的前身。翻身的农民组织农友剧团、高殿篮球队，活跃于禾山的角角落落。

　　如今的殿前，红砖古厝和高楼民居杂处，外资厂房与喧闹的街市比肩并存，鹭岛古村充满了现代气息，殿前以其独有的风貌从容不迫地延续着近千年来的美名。

文/图：黄国富

紧邻古渡故事多

——湖里区金山街道霞边社

五通古渡

　　五通在厦岛东北端，岬角处的岸边有大石盘缓缓伸入海中，形成天然

一、传统村落

五通古渡遗址

的码头。古时凿石为阶，共有四列，各二三十级，为码头的石阶。五通头是古驿道的渡口，自古以来是厦岛对外交通的要道，故称五通道、五通渡。五通渡口古有五显宫，奉五显神，又称五通神，因而得名。

南宋德祐二年（1276年），七岁的宋幼主赵昰逃亡途中，由宰相陆秀夫、大将张世杰保护，从同安上船，过海登上嘉禾里五通渡。这是皇帝到过厦门岛的唯一记载，因而五通渡又称为"龙门渡"。后来，五通渡口树有"此地曾迎天子辇"的7字石碑，这石碑在日寇侵略厦门时被毁。

传说，当年小皇帝上了五通渡，一千人马走到了霞边社的海边，众人累了，问皇上要不要歇歇，小皇帝点了点头，示意背他的军士将他放了下来。大臣们指着海岸边的一块突出的石头，让小皇帝安坐上去。这石头一面平坦一面又有隆起的背靠，犹如一把天然的交椅。小皇帝坐上去顿时来了兴致，问："这是什么地方？"大臣们答不上来，赶忙命手下人叫来当地乡人。乡人回答："这是渡口下边。""这石头又叫什么？"只见小皇帝坐的石头在夕阳下闪闪发光，乡人便脱口而出："皇上，这石头叫金交椅。"小皇帝颇为得意，露出了难得的笑容。下边雅称霞边，旧时嘉禾里属同安（银城），因而美称银霞。道光《厦门志》又称为"下柄"。

霞边社民居背靠后壁沟山（澳头山）势面向西。澳头山是五通的制高点。山坡缓缓斜向霞边的社后，有一条几乎和村子平行的叫蚵仔沟的泄水沟。澳头山并不高，修建环岛路时已经挖掉大半，靠海边上留下了2棵伸向海里的榕树和一些岩石。

　　霞边社前有祖师公潭，边上是一片水田，旧时有小路从这里通向崙后，这里原有一社叫马坑，相传是最早开发厦门之一的陈姓家族登岛落脚的地方。民国《厦门市志》载：陈姓家族"于建中二年（公元781年）举家三百余口遂尽迁入。……旋移东南夹涧之西，有一池洗马坑，筑家庙，名圣王庙，刻槎为像（址在霞边社后）。"陈姓家庙一直到20世纪50年代尚存，后毁于1959年的特大台风。小路边上早时有一小社叫张炳，也姓张，不久前还存有古井、瓦砾，现在已经建起了五缘公寓。

银霞张氏

　　霞边张姓聚居，号称清河衍派儒林张氏。宋仁宗庆历年间（1041—1048年），其祖上张延鲁是泉州城南望族，其后张镜斋生九子，尊为儒林始祖。

张氏宗祠思敬堂

一、传统村落

其中的七房张敬郎肇基同安，裔孙张均正在宋末避胡之乱，迁徙到浯洲（金门）肇基青屿。明成化十年（1474年），匪寇祸延，张姓族人举义御患，其首却为奸人诬害，不白而卒。张姓子侄四散。张廷训渡海至嘉禾里，开基霞边，为银霞始祖。所以霞边张姓称自己为"儒林张氏七房后裔，金门青屿分立开基"。

霞边张氏分长房、二房、四房，其中长房又分祖厝后、宅仔内等角落，现今为开基银霞的第二十二世至第二十五世孙。

霞边张氏宗祠思敬堂，面墙的角柱上有砖雕圆篆"金屿家声远，银霞世泽长"联句，其长房分祖厝孝思堂内对联有"源发浯江"、"基启禾山"句，都说明了霞边张姓源自浯江即金门青屿（金屿）。张氏宗祠里整齐列着开基银霞以来的第一世至第十八世神位。

思敬堂红砖团篆对联

霞边张氏长房宗祠孝思堂

霞边凤山宫

一、传统村落

凤山宫

纵观五通的地势，有人说五通是只"凤"，头是凤头（后头社），霞边是凤身，凤尾伸向钟宅湾，是为坂尾。

霞边人称后面的澳头山（今灯塔公园处）为凤山，在村子里建有凤山宫。2000年重建的凤山宫，现尚有光绪辛丑年的石香炉，建筑面积约130平方。凤山宫三开二进，中有天井、龙虎堵，建拜亭连接前后殿。前殿开三川门、螭虎窗，有明廊、龙柱、穿梁，屋顶三川四归脊，后殿为中间高起的四垂顶。前后殿都是燕尾翘脊的硬山顶，上饰凤翔天宇，飞龙逐日的剪粘，为典型的闽南宫庙建筑。

凤山宫奉文天祥、陆秀夫、张世杰为"三忠王"。南宋末年，文、陆、张三位殉国忠臣，并称"宋亡三杰"，浩然正气，受世人所敬仰。张世杰，河北涿县人，在广东崖山与元将海上决战，兵败突围时，遇风浪船覆溺死海中。霞边张姓认护宋帝过厦门和他们同姓的大将张世杰是"俺祖"，居凤山宫主位，在"三忠王"中以其祖上忠臣为尊，也是在理。

凤山宫有许多颂扬三位忠王的对联，文笔相当不错："三英浩气千秋在，忠耿雄风万古存"；"臣事君以忠三公斯仁至矣，士见危受命百世有忠存焉。"凤山宫三忠王信仰又分炉到金门沙坡尾万安宫。近年来，金门信众经常组团前来谒拜，并且献有"褒忠宏教"的匾额悬挂在凤山宫内。每年农历的九月十六日为三忠王做神事，霞边自然有一番热闹，请香、游神、献戏，供奉他们的"俺祖"。

离凤山宫不远，还有青龙宫和龙安宫，分别奉着来自安溪的清水祖师和湄洲的妈祖。霞边人照例在他们的神诞里供奉牲醴，请戏娱神，一片热闹。

离霞边一里之外，还有一座小庙，虽然写的是万寿堂，却只见一尊"张公大祖"的神像，村里的长老说，那是张家祖上的一位强人，他们世代都有供奉。

"三忠王"之一的张世杰，霞边人称"俺祖"

[73]

霞边海边榕树和"三富翁"宫

"三叔公"庙

　　霞边人还郑重地供奉"三叔公",指的是海上的"好兄弟"(即无主孤魂)。"三叔公"的来历相当神话。传说旧时海上漂来一个神主牌,在海滩玩的孩童觉得好玩,就捡来放在岸上。大人们看到了,不由对孩童们一番训责。小孩子被骂,赶快将神主牌丢回海中。过了几天,这神主牌又飘了过来,乘着大潮水,直接搁在岸边。小孩子又把它丢到海里。说来也怪,就这样一而再,再而三,神主牌没有离开的意思。霞边社人认为这是海里的"好兄弟"明示要在此地落脚。大家只好在海边上用蚝石盖起一座小庙供了起来。因为这神明三次舍不得离去,尊称为"三叔公"。

　　"三叔公"庙几经兴废,但是霞边人对他的崇拜从来没有中断过。后来,人们取了谐音"三富翁"代替了"三叔公"。三富翁庙迁建了好多次,如今还在五通灯塔公园边上。处在海岛一隅的霞边,农渔兼顾,面对自然和生存的挑战,就这样形成了他们多神信仰,虔诚如一的习俗。下边的海是"五通江(港)"的加纳渔场,钓加纳鱼、钓郭鱼、挂虎网、放栏是下边人擅长的海事。

一、传统村落

　　海边的滩涂，是大片大片的蚝场，竖立着无数蚝石。霞边的蚵场太大了，在初夏蚵石"挨花"（海蚝苗长成）后，霞边人用木制的"蚵堆拖"把蚵石拉到深处树起，这是他们特有的创举。霞边人下小海，会到蚝石脚下去抓味道鲜美的"蚝佬"，到滩涂上挖色白壳薄的叫"公蚬"的小贝，去海中捡拾海米粉、麻日菇、蚵仔菜等海藻，那可是大海对霞边人最好的馈赠。

　　霞边的海面上，如今是白海豚保护区。白海豚在本地叫"被鮖"（pei go），又被亲切地叫成"妈祖婆鱼"。相传，白海豚是妈祖婆的坐骑，妈祖婆坐在上面，指挥救助渔民。妈祖婆东奔西走，有时的确累了，就在海中找一块平坦的礁石休息，解开脚上的绑脚布，本地人叫"脚白"，洗净了在礁石上晾晒。

　　霞边东北一带的海面，有一块长宽数米的白色礁石，顶部相当平坦，相传这是妈祖婆鱼（白海豚）的化身，又说这是妈祖婆晾晒"脚白"的地方，所以远远望去一片白色。其位置就离今天的五通客运码头不远处的海中，海边上有双孔的龙目井，"龙目"一大一小，井内淡水不枯，其位置即今灯塔公园。

"茶叶大王"张宝镜

　　霞边地少人多，下南洋谋生者众多，其中张宝镜最为出名，号称"茶叶大王"。张宝镜小时因家境贫寒，19岁时随族亲到印尼谋生。光绪二十七年（1901年）自办"义和成"商行，经营杂货，获利颇丰。同时在台湾开设义和茶行，经营茶叶生意。鼎盛时茶行分号遍布台湾、香港、天津、泰国等地，赢得"茶叶大王"的美称，时张宝镜只有三十多岁。张宝镜事业有成后不忘乡梓，施恩布德，济困扶危，在村里办私塾、小学，每年过年给村里家家户户送米油和红包，资助宗祠的修建，捐资集美学村。1959年，张宝镜参加新中国成立10周年活动时，受到国家领导人的接见。

　　民国初年，张宝镜在家乡修建"宝镜楼"。宝镜楼共两层，上层为西洋的洋灰卷拱，按东南西三个方位连接起来形成回廊，敞轩挺拔，楼下是以红色雁只砖清砌对应的廊柱和卷拱，屋顶的平台外是一列绿色琉璃葫芦状连杆。红砖、绿杆与整座楼的灰底粗沙立面形成强烈的色彩对比。宝镜楼在外观上充满了西洋风格，在柱头和窗楣上，大胆运用泥塑，雕砌了形态各异的披纱裸女，栩栩如生飞翔的安琪儿和粗犷沉重的人面狮身像。柱子和栱上则是泥塑精细的动物、花卉、卷草、绶带和心形盾图案，活泼、飘逸。廊道的正立面贴满了那时最为时髦的东洋瓷砖。楼下的四方柱上，遍

宝镜楼

雕花卉缠绵之间留出空白圆形，然后镌刻对联，显得古香古色，是典型的中国建筑式样。"西洋为体，中学为用"，是宝镜楼中西合璧风格的内涵。最能表现楼主人心境和追求的，莫过于廊道上分别以主人公名字"宝镜"二字冠头的对联了。

　　宝炬辉煌户牖兮光风景丽，镜湖荡漾楼台近水月华明。

　　宝树接芳邻竞流强韵，镜塘联笔岫环拱华屋。

　　宝镜展毫光，堂构相花凝瑞霭；银霞原嫡泠，孙曾绳武振家声。

霞边红楼

　　霞边的另一位华侨张仙志建造了一座洋楼，楼的外墙用红色烟炙砖（或称雁只砖、胭脂砖）砌成，大家称之红楼。红楼格局上为闽南传统三开间，大厅前为步廊，左右榉头演化为西洋式的凸出八角形。大门前有半圆形阶台，阶台上有四支粗大的圆形立柱，洋灰洗沙粒蛎壳。柱梁上有三堵灰雕，中间一幅是牡丹图。楼冠束腰三个尖顶并列，当中是大雁驻花团灰雕，花枝缠绕。主楼内砖砌屏风，中贴大片的玫瑰花图案瓷砖，釉面至今仍闪闪

一、传统村落

发亮，两个屏风门是雁只砖砌的弯拱门，门额上分别题"有山""有水"。正堂上的楹联泥底阳塑、红底蓝字，笔力独到，颇具风格。"笔健乍临新获贴，手生重理旧传琴"，体现了主人独具匠心和雅致追求。

红楼的命运在大时代的背景下巅翻起伏，它曾屈辱地驻扎过日本小队部、国民党的败兵，也曾是解放军边防部队和五通派出所的住所。数十年后，当年住在红楼里的解放军战士还特地回到霞边故地寻访。至今还留住墙上的"班报栏"三字，勾起了他们旧时的回忆。

如今，红楼已经斑驳苍老，几近坍塌，但它至少还比宝镜楼来得幸运。那高踞傲骨，精美玉立的宝镜楼，尽管承载了"茶叶大王"的心血和故事，也逃脱不了一夜之间玉陨魂销被拆迁的命运。

如果说宝镜楼的湮没是为了给现代化建设毁身铺路的话，倒不如说霞边历史的步伐从没有过落伍。

1928年，华侨创办的福建最早的航空学校五通民用航空学校的水上飞机库就设在霞边海边。20世纪二三十年代，厦门到泉州的海陆对运，霞边

华侨张仙志红楼

人亦农亦工地做着五通渡口码头的"路头工"。1937年日军占领金门，出于局势考虑，守军在霞边后山增设一座炮台，从胡里山炮台移来一门120毫米的克虏伯大炮。1938年5月10日凌晨，日军以18架飞机和舰炮对厦门东北前沿阵地轮番轰击。霞边炮台守军浴血还击，遭日机、日舰炮火猛击，"霞边牺牲尤巨，全台员兵只剩一人"（民国《厦门市志》）。新中国成立后，霞边农民组织起"霞东"篮球队，风靡禾山。20世纪五六十年代，两岸军事对峙期间，霞边也饱受炮火之灾，至今还遗留下一个堆满乱石的防炮洞，见证当年的岁月。

悲壮、沉重，战火、硝烟，如今已全然散去。有着许许多多美丽故事的霞边古村，终究会迎来更加绚丽多彩的明天。

文/图：黄国富

一、传统村落

昔日两岸隔绝桥头堡，今日两岸交流胜地
——集美区后溪镇城内村

    2015年，首批福建省省级传统村落名录公布，厦门市集美区后溪镇城内村被福建省住房和城乡建设厅、福建省文化厅、福建省财政厅认定为第一批省级传统村落的村落之一。

    后溪的城内村因"一城一庙"而闻名。

    "城"即城内城遗址。清朝初年，清政府为围困、封锁郑氏海上抗清武装，在东南沿海地区施行"迁界禁海"政策，不仅禁止百姓出海捕鱼、经商，更命令沿海地区官府在规定界线内筑"界墙""界城"，强制"迁界"范围内的百姓迁入界城或界墙内居住。城内城就是当时所筑的"界城"之一，城内城又称霞城，清康熙元年（1662年）福建总督李率泰、同安总兵施琅等督造。康熙十八年（1679年），由于清政府对郑氏集团策略有所调整，沿海地区开始"复界"，城内城不再作为"界城"使用，城墙遗址保留到1958年。

城内村北门——拱辰门

由于大规模基建缺乏建筑材料，城内城除保留局部小段残垣外，大部分被拆除。

根据村中老人的回忆，城内城平面呈倭角长方形，南北长约280米，东西宽约220米，东、西、南、北各开一门。现存遗址主要是北门及其两侧残墙，共长11米，厚3.4米，高约5米。拱门高3.2米，宽2.1米。门额石匾上镌刻"拱辰门"三字，并落款"钦命总督福建部院少保兼太子太保兵部尚书李奉旨"，"钦命镇守福建同安等处地方总兵官都督佥事施琅总督标下督造官副将黄兆参将李成德同安县知县卞甘添同安镇标分防原副将吴魁督工白礁司巡检张思荣康熙元年八月口日建"。

特别要提到的是北城门上那株据说已经有一百五六十年树龄的老榕树，这棵树已经大到独木成林的地步了，巨大的树荫荫庇着北城门及其周围相当大的区域。老人们说，正是有了这株老榕树，北城门才得以在1958年的拆城活动中幸免。

城内城的各城门附近都建有寺庙，供奉不同神祇，分别为佛祖、王爷、城隍爷及玄天上帝，多为在原址重建的现代建筑。除了城隍庙，其他都是名副其实的小庙。其中北门内的上帝宫，仍保留较多清代石雕文物，比如楹联门框、石狮、麒麟纹石雕墙堵等。

1982年，城内城遗址被厦门市政府公布为第二批市级文物保护单位，历经数百年沧桑的古城遗址终于得到比较妥善的保护。

"城"说完了，我们再来看看"庙"，这个"庙"，指的是城内城原南门旁的城隍庙。城隍庙建于康熙元年（1662年），和城内城几乎是同时修建起来的。后来两者又同时被拆了，也是1958年，城内村民因建房缺少建材，拆除城内城的城墙，只保留下北城门及少数断壁残垣。而城隍庙也被拆建为仓库，直到1991年，城隍庙才由台湾同胞兴资重建。重建的城隍庙采用大量青石雕装饰，现为前、后两殿，坐东北朝西南，总面宽12米，通进深31米。殿前有大水泥埕，总占地约800平方米。前殿面阔三间，加前廊柱进深四柱，重檐歇山顶。后殿面阔三间，进深五柱，抬梁

临海门石匾

一、传统村落

城内村城隍庙

减中柱，重檐歇山顶。东、西两廊有钟、鼓亭。前殿梁架上悬有"洞悉阴阳"，前后落款"光绪甲申年蒲月榖旦"，"鼎美官炉裔黄自成叩"。

城隍庙殿内还保存着城内古城址南门"临海门"石匾。石匾长2米，宽0.62米，前、后落款分别是："钦命总督福建部院少保兼太子太保兵部尚书李奉旨"，"钦命镇守福建同安等处地方总兵官都督金事施琅总督标下督造官副将黄兆参将李成德同安县知县卞甘添同安镇标分防原副将吴魁督工白礁司巡检张思荣康熙元年八月囗日建。"

城内城城隍庙之所以出名，是因为它不仅是台北霞海城隍庙的祖庙，更是台湾其他城隍庙的"太祖庙"。

清嘉庆二十五年（1820年），同安人陈金绒奉请霞城城隍爷金身渡台，并于咸丰九年（1859年）在台北大稻埕兴建城隍庙。因怀念故乡霞城和临海门，因此取名"霞海"。此后台湾其他地方也纷纷从霞海城隍庙分炉，在本地建起城隍庙，共尊霞海城隍庙为他们的祖庙。

多年来，陈氏第六代子孙、台湾霞海城隍庙的主事陈国汀先生多次派人来大陆寻访"祖庙"，未有所获。至20世纪90年代初，台湾的陈文庆先生一行再次受托来到厦门寻找，偶然问到城内村的城隍庙内有一块写着"临海门"的石匾。在观看了石匾，再仔细对照史料的记载后，确定这就是他们苦苦寻找的台湾城隍庙祖庙。后来，陈国汀不幸逝世，他的妹妹继承兄长遗志，最终集资重建了城内城城隍庙。

现在，每年后溪城内村都会在农历十一月二十二日——城隍爷的祈安日前后举办盛大的庙会迎神庆祝，台湾、新加坡等地的城隍庙主事及信众也会组团前来进香，共襄盛举。城内村的城隍庙，见证了海峡两岸同胞同根同源，血脉相连，城隍庙也成了两岸亲情互通与民间信仰文化的交融圣地。

城内村现在还保留着数目众多的闽南传统民居建筑，其中一座厦门地区罕见的"五落大厝"相当引人注目。古民居坐东朝西，由前、后两组庭院建筑（古厝）相连组成，前、后共五排大厝，南侧附建一列纵向护厝，总面阔18米，通进深58米，为传统的闽南砖木石结构建筑。主体古厝面阔三间11米，均为土墙夹柱承重，山墙搁檩，硬山顶，燕尾脊。前组建筑为二落大厝加前部的小庭院的单合院式建筑，并开小院门。后组建筑为三落大厝的二合院式建筑。各大厝前均有小天井，最前落大厝天井北侧开边门。整体建筑外观基本保持清朝早中期建筑风貌，可惜的是建筑内部及外表局

城内村"五落民居"

一、传统村落

部、屋面等多处槽朽、受损,外墙装饰也多处剥蚀。院落内较为杂乱,堆放大量杂物等。这座民居是原有的城内古城中规模最为庞大的古建筑,也是当地较为少见的闽南大型古民居,对研究城内古城址的历史和发展具有一定价值。

现在城内村建起了"闽台民俗文化古镇",古镇以闽南特色古厝为基础,设立海峡两岸博物馆、闽台官用品博物馆、闽台匾额博物馆、闽台老电影馆博物馆、闽台茶叶博物馆、闽台爱情博物馆、闽台华侨文化馆等多个专题博物馆,展出各种民俗文物近3万件,同时还建有吃、喝、玩、乐一体的配套设施,成为厦门市民增长见识、休闲娱乐的又一新去处。

如今,每到春季,总有大批市民来到城内村,迷醉于村外金色的花海,驻足于古城门下,徜徉于古镇中。

文/图:王蒙

千年古镇深青村

——集美区灌口镇深青村

灌口有个村子,称作深青村,村子不大,乍看起来似乎也就是普普通通的小村子。可是,你若能在村中探访一二,便会发现这个小村子其实有着相当悠久的历史。

当地有个传说,讲述了"深青"这个地名的由来。以前,这里没有"深青"这个地名,深青溪在那时还没有名字,水面比现在宽得多,而且溪深水浊,溪上又没有桥梁通行,周边村落的先民生活在溪流两岸,日常生活劳作总免不了要涉水过溪,十分不便。每逢大雨,更有山洪暴发,通路隔绝是常有之事。于是,早有建桥愿望的村民在各村长者的发动下,准备集资造桥,可是到开工前,人们才发现溪深水浊,无法打造桥基。众村民便拜祭水神,水神有感于民众的诚意祈求,就将溪水变清,使桥顺利建成。为了纪念神明的庇佑,人们就将桥周边的土地,取名叫"深青"(清),变清的溪流取名深青溪,小村落便被称为"深青村"。

根据村里长者的说法,这个传说讲的是宋代以前的事,故事的真假现

临石寨山遗址采集到的石器和陶片标本

在无从考证,不过,深青这个地方,的确是很早就有人类活动的遗迹。

1957年1月,在距离深青村北1.5公里的临石寨山,发现了一处史前遗址。根据当时考古工作者的调查,这个遗址的时代大约处在青铜时代,大致相当于中原的夏、商时期,也就是说,这是一处三四千年前的古代文化遗址。遗址分布在临石寨山东侧山麓,并向上延伸到地势相对平缓的山腰处,面积约600平方米。曾采集到石锛和陶罐、釜等生产生活用品的残片,陶片种类有夹砂红陶片、灰陶片、黑陶片、彩陶片、灰硬陶片等,陶片纹饰多为人字纹、方格纹、篮纹、席纹。2004年,当地村民和学生又采集到夹砂印纹黑陶片、泥质印纹红陶片及石锛、砺石各1件。这类史前遗址在集美区数量很少,出土遗物和采集标本数量也是集美区几个史前遗址中较多的,是研究厦门开发历史和早期人类活动的重要遗址之一。不过可惜的是文物考古部门还没有对它进行系统的发掘,我们不知道是否还保留有文化堆积,更谈不上对临石寨山遗址的文化面貌有深入了解。

随着经济开发的加强,各种生产活动空前频繁,临石寨山遗址还能保存多久谁也不知道,只希望我们不要和这么一个丰富多彩的古代文化擦肩而过。

一、传统村落

现在让我们回到村里吧，若是从北边进村，第一眼看到的，就是大名鼎鼎的深青驿。

说到驿站，不得不提到我国古代的驿站制度。研究表明，早在西周时期，就已经出现了驿站系统的雏形。至春秋战国时期，邮驿系统已经相当普遍而发达。此后历经不断发展完善，逐渐形成遍布全国的驿站系统。直到19世纪后期，逐渐被近代邮政所取代。

深青驿始建于元朝，元代疆域辽阔，驿传运输发达。元代时的驿站，蒙古语叫站赤（jamuci），"站赤者，驿传之译名也"。汉文的"站"，藏文的 jam 或 vjam 均系蒙古语 jam 的音译（汉文典籍中初音译为"蘸"），即汉语的"驿"之义。因而驿传在元代汉文文献中，也称驿站，由此产生了"驿站"的称呼。元代邮驿可上溯到蒙古国创始人成吉思汗时期，在耶律楚材的主政下，颁布《站赤条划》，并以此为依据，统一蒙古站赤及汉地邮驿制度；适

深青驿的驿道和驿楼

应统治中心的转移，规划以大都为中心的邮驿系统；建立以驿站为主体的马递网路和以急递铺为主体的步递网路。在世祖忽必烈之前，察合台汗已修好由山丹州起，经过河西走廊、畏兀儿境直到他的驻幕地阿力麻里附近之虎牙思的驿道。大规模的邮驿设置，则开始于忽必烈时期。1264年，忽必烈迁都燕京（今北京）。1271年，设燕京为大都，建国号为元。为加强对南方以及边疆地区的控制，元政府在既有的邮驿系统上进行改造和加强，从而形成规模庞大、称雄一时的元代邮驿，进一步强化了中央和地方及地方间的联系。驿传站点星罗棋布，朝令夕至。据统计，元代全境驿站达1500余处。

元代驿站除了迎送使臣、提供食宿与交通工具外，平时也兼于运送贡品、行李等少量货物，战时还承担军需给养的运输任务。驿站系统于交通枢纽处还设有车站，专门运输金银、宝物、贡品等贵重急需的物资。驿传运输参照宋制，除以马匹递送为主体的驿站网外，还有一套以步递为主体的急递铺网，专门传送官方文书。根据记载，步行的急递铺可以达到"日行四百里"的速度，马递的效率就更高了。

两宋时期，漳泉驿道上的各项邮驿设施渐趋完备，同安县境内有大同驿和鱼浮驿，上接南安康店驿，下接漳州府龙溪县通源驿。元代鱼池驿移建于深青村，深青驿由此而来。据民国时期《同安县志》记载，深青驿在明洪武十四年（1381年）和景泰元年（1450年）两度重建，由驿丞专理。清乾隆二十年（1755年）裁汰驿丞，改由同安县直接管理。当时驿站内额定人员为赡夫六十名，抄单、走递、防夫等五名，兜夫十五名。奇怪的是未见配备马匹的记载。

到19世纪后期，由于列强入侵，沿海商业城市发展，近代铁路的兴建和汽车的输入，驿传的作用日渐削弱。咸丰、同治以后，随着轮船、铁路、电讯、邮政相继发展，驿站逐渐变得无足轻重。至光绪三十二年（1906年），始特立邮传部以掌轮、路、电、邮。在此前后，各地驿站相继裁去，至1913年1月，北洋政府以中央命令的形式将驿站全部裁撤。深青驿随着古老的驿站系统一起退出了历史舞台，而民国初年的一场战火，将这座数百年历史的驿站化为一堆废墟，仅留下驿楼残迹供后人遐思。

深青驿遗址现存深青桥和驿楼两部分。深青桥为平梁式石板桥，东北至西南走向，横跨于深青溪上。桥长25米，桥面五段石板铺设，宽3.9米，桥高约3米，四墩五孔。桥墩迎水面呈舟形，基础采用"睡目沉基"法建成，桥梁石板有明正德十一年（1516年）和清康熙三十八年（1699年）修

一、传统村落

深青驿石桥

建记事题刻。此桥始建于南宋，初为木板桥，后改为石桥。明正德十一年（1516年）知县杨公等重建，清康熙三十八年（1699年）、嘉庆九年（1804年）和2002年三次重修。驿楼位于深青桥南20米处，横跨于深青村口古驿道上，俗称过街楼。始建于元，坐南朝北，单间二层楼砖石木结构，面宽4.5米，进深3.8米，下层以花岗岩砌建成大门通道，门宽2.15米，高2.8米，门额嵌"驿楼古地"石匾。上层为阁楼式，马鞍脊，硬山顶。驿楼东侧碑廊立有5方清代石碑。

　　驿楼建筑经过多次修缮，门楼仍基本保存原貌。1982年，厦门市政府将深青驿遗址公布为第二批市级文物保护单位。2002年，重修加固桥墩和桥面，修旧如旧的修复工作，使人们依然感受到古代驿道的气息。

　　说起这座桥，还有一段令深青人自豪的小故事。沦陷期间，经常有日本飞机从灌口上空飞过。灌口镇深青村村民之前听说，高楼、桥梁都是飞机轰炸的目标。为了保护千年古迹深青桥，村民晚上自发组成护桥队伍，抱来发黄的稻草，把石桥严严实实地隐蔽起来。敌人从高空的飞机上望下来，还以为只是一条普通的黄泥路，古桥因此得以保全。

　　在村里转转，会发现村里有很多寺庙，大概数数，有十几座之多。这是深青村的独特之处，由于紧靠驿道，这里在古代是交通便捷、商旅汇聚之地，来此定居的人也不少，带来各地不同的地方信仰，使得深青村的民间信仰呈现丰富多彩的景象。下面介绍几处比较有特色的寺庙。

深青驿驿楼门洞的旁边就有一座古庙遗址，称其为"遗址"，是因为这座古庙已经被重修过，只保留下部分石质构建。当地人称之为茂林庵。其始建年代不详，清康熙三十年（1691年）重修过，民国初年前殿与深青驿一通毁于兵火，1995年再修后殿，2006年整体翻建。古庙坐西朝东，分前、中、后三殿，两侧有释仔宅，总面阔22米，通进深31米，占地面积约660平方米。前殿面阔三间，平开三门，屋面为三段式花脊，中殿抬梁式梁架，重檐歇山顶。殿内供奉清水祖师、大使公等，后殿仍保留数对落有名款的清代方石柱，殿内供奉三宝佛。后殿北廊壁立有清康熙三十年（1691年）重修功德碑一方，碑高1.45米，宽0.45米。

清代中期，深青村苏氏族人大量迁居台湾高雄。20世纪90年代，台湾苏氏宗亲开始回乡寻根，并根据族谱记载对上血缘关系。这座古庙也成了两岸同胞血脉相连的见证。

村子中部靠近村边的地方有一座保宁宫。宫庙建于清代，近年在原址

深青茂林庵遗址

一、传统村落

保宁宫

上进行了重修，基本保存了原来的风貌和格局。宫庙坐西北朝东南，为单体单间建筑，马鞍脊，硬山顶；前部连建方形拜亭，面阔5米，通进深10米。殿内供奉三国时期蜀国大将赵云赵子龙。建筑中仍保留原有石构墙裙、墙堵、门框、门梁、门墩、石窗等，门框石刻楹联为"战胜推常山第一，勋名夸蜀郡无双"，殿内有漆金木雕麒麟纹灯梁托木。这座庙的独特之处就在于祭祀的神，闽南地区，乃至整个福建，对赵云的信仰和祀拜极为少见。

再顺着村中道路向南走，不多时便可看到一座深泽宫。其始建年代不详，清代重修，20世纪50年代梁架及屋面曾重修，1994年又重修。宫庙坐东南朝西北，为前、后两殿，南侧连建释仔宅。砖石木结构，总面阔18米，通进深18米。前殿面阔10米，凹寿门，中门及两侧边门，大门楹联"大德广生封大帝，深仁厚泽镇深青"，抬梁式梁架，屋面为三段式花脊。后殿为敞厅，前檐廊一对龙柱，加廊柱进深五柱，抬梁减中柱。殿内供奉保生大帝，硬山顶，燕尾脊。庙内保留大量清代建筑石构件，并有清光绪丙申年（1896年）石香炉一件。清中期，深青苏氏族人大量迁移台湾高雄路竹乡等地，并奉深青宫保生大帝香火到台湾建东安宫。1997年，台湾苏氏乡亲回乡寻根，也曾来此进香祈福。此后每年都有多批台湾进香团来此祭祖拜谒，成为两岸宗亲和文化信仰的交流平台。可以说，深泽宫是海峡两

【89】

深泽宫

岸同胞血脉相连、信仰相同的又一见证。宫庙在重修之后保持了原有建筑的风貌和格局，建筑内保存较多精美石构件，甚至还有清代文物，具有较高文物价值。有些可惜的是，多年前，前殿廊道的石雕窗狮及石雕墙裙曾被偷盗。

虽然有着悠久的历史，可受多方面因素制约，过去深青村的文化、经济发展并不顺利。以往深青村家家户户种植水稻，一户一小块田地种植毛豆或香蕉，零星种植，收成少，被列为集美辖区的"扶贫村"。2001年以来，深青村依靠优越的地理条件，积极进行农业产业结构调整，村民们通过"走出去"学，"请进来"教，因时、因地制宜，搞起了养殖。养鱼、养鸭、养鸽、养兔，或饲养生猪，增收不少。村民叶永辉到天津、浙江拜师学技，掌握了户外养兔新技术，仅两年时间就达到年出栏肉兔1000只的规模，年创收4万余元。全村依靠科学养殖年创产值20万元以上的户数过半，成为厦门市农村养殖户数最多、规模较大、效益最好的"养殖村"。村民人均收入4600多元，成为厦门市有名的"富裕村"。经济发展起来了，人们的文化生活也丰富多彩起来。2007年，深青村被列为市级新农村建设试点村，环村公路等一批基础设施得到完善，茂林庵小广场、篮球场、科普

一、传统村落

长廊、戏台等文化活动阵地先后兴建。近年来，深青村曾获得省、市级"文明村"、"厦门市平安家庭创建活动先进示范村"、"村容卫生管理先进村"等荣誉称号。更难得的是，2010年12月村里自办的深青古镇驿史展馆开馆，史展资料是周边学校的历史、美术老师收集整理出来的。展馆图文并茂地向人们展示古代邮驿发展史，展示深青古镇的兴衰和历史传统及特色。

千年古村，如今焕发出新的勃勃生机。

文/图：王蒙

海上"所城"高浦村

——集美区杏林镇高浦村

高浦地处厦门西海域北部的半岛南端，在白鹤山支脉向东南海中延伸的岬角上，其东、西、南三面为鳌江所拥，北与白鹤山相接，犹如白鹤傲立水边，因此古有"鹤浦"的雅称。正是如此，现在的高浦三面临海，即东面的杏林湾、西面的马銮湾和南面的厦门西港，而与宝珠屿遥遥相对。旧时，北面有古道分别通向漳、泉内陆，地理位置优越，交通便捷，因此既是沿海军事重镇，又是市井繁华、人烟稠密的商旅要津，朱熹曾称赞："环浦皆山也，襟浦皆水也。山水合则龙聚，龙聚则地真……惟同有浦，乃山水之最佳者也……"可见宋代鹤浦已是同安名邑。古往今来，高浦虎踞龙盘，地灵人杰，演绎着无数传奇动人的历史故事。

今天的高浦在行政上隶属于集美区杏林街道高浦社区，高浦的得名源于当地的大姓高氏。据记载，宋朝末年高氏开基始祖高士表由晋江安海迁来定居，与最早开发本地的石姓联姻，继承其家业。至今700多年，繁衍28代，后裔近2000人。建于清代的高氏宗祠就坐落在高浦村，门牌浦城路62号，由前、后两落组成单进廊院式建筑，总面宽11米，通进深22米。大门上悬挂"高氏宗祠"匾，厅堂内悬有"副元""中营参将"等匾额，祠前石埕立有四对旗杆石。祠堂先后经1933年、1965年、1989年和2008年数次重修，现仍保留大量清代石构件，包括石雕墙基、墙裙、墙堵和漏雕石窗、抱鼓石以及石柱、柱础等，具有较高的文物价值和艺术价值。

鹤浦郑氏家庙(右)及周围古民居

  实际上，石姓是最早移居高浦的姓氏，也是高浦历史上最出名的家族。早在唐末时，石姓先祖从安徽寿州随军进入福建，先定居集美苎溪石兜，再迁后浦，子孙繁衍。至宋代，高浦石姓与同安金柄的黄姓合称为"东黄西石"，成为与厦门岛内"南陈北薛"同时期的最早开发厦门的四大望族。石姓家族重视文教和科举，五代后唐天成三年（928年），石琚成为同安首位进士，此后在两宋时期的200多年间，同安境内所出47名进士中，高浦石姓占了12名，其中有乾道五年（1169年）高中榜眼的石起宗，还有3人官至尚书之职，在高浦西湾（今西安）、里美宅（今李仔宅）曾建有两座尚书府，以至于高浦石氏祖祠有"宋室尚书府，银同甲第家"的联句。南宋著名理学家朱熹为官同安主薄时，多次造访高浦，并为石氏祖祠撰写《修泉州同安鹤浦石氏祖祠堂记》，称颂高浦"地灵""人杰"。明嘉靖年间，抗倭名将戚继光驻师高浦，并在高浦千户所署衙旧址创办书院，兴学倡教，时称"戚公院"，学风不逊于当时的金门所、中左所（厦门岛）。清康熙四十二年（1703年），当地文人重修"戚公院"，并设立公办的鳌江书院（后改鹤浦学堂），在此前后书院所出的进士和举人就有15名。当时还在南门内"高浦仓"旧址开设义塾——"文山书屋"，由郑氏宗祠捐认经费，同时在所城外的校场和其它废地开荒种地，作为学院书田。此外，后来又开办了"大观公

一、传统村落

众学堂""大观女学"、伯府的"懋斋"、李葡的"书轩"等公益私塾,文风蔚然,培养了许多人才。据统计,在集美辖区内,历史上共有进士32名,高浦独占19名。

高浦在历经各朝代过程中,不断吸纳来自各地的移民,先后有30多个姓氏在此聚族而居,至今流传下的古地名就有詹厝、徐厝、范厝、刘厝、杨厝、曾厝、高厝、朱厝、翁厝、钟厝、李仔宅、陈埭头、洪埭头、郑国公埭等20多处,这些姓氏建造了大大小小的宗祠、家庙及分支祠堂将近40座。郑氏作为高浦的一大姓氏,近2000人,开基祖福建长乐人郑崇,于明初永乐年间(1403—1425年)调永宁卫高浦所任千总旗使。随后定居于此,娶妻生子,世代繁衍,至今500多年,传下子孙21代。

如今在高浦社区中还保存着两座历经岁月沧桑的郑氏祠堂家庙。其中一座是西潭路81号旁的鹤浦大观郑氏家庙,为郑氏分支祠堂,坐东朝西,为前、后两落大厝组成的合院廊庑式建筑,总面宽10米,通进深20米。前落面阔三间,凹寿门;后落为敞厅,面阔三间,进深四间。建筑整体外表及正面基本保持原有历史风貌,正面的石雕和木雕构件犹如精美的艺术作品,如石雕垂莲栱、夔龙纹窗、刻字门楣及石柱础、瓜楞形石柱,还有梁架上的坐狮斗栱、花鸟纹枋木等木雕,技艺精湛、栩栩如生,既显贵气又透出典雅,为祠堂类建筑。只是内部较为破旧,多处木构梁枋和门窗缺失、腐朽;前落两侧增建小房,改变了原状,后落厅堂内木柱腐朽已替换为砖柱或石柱,屋顶曾翻建。另一座是南门路34号旁的鹤浦郑氏家庙,始建于明弘治年间(1488—1505年),清代重建,1985年、2005年重修。坐北朝南,为前、后两落大厝(门厅、正厅)组成单进廊院式建筑,总面宽11米,通进深21米。前厅大门上悬有"鹤浦郑氏家庙"匾,后厅神龛悬有"带草堂"匾。建筑中保存清代房基、龙纹漏雕石窗、石柱础等石构件,其中大门两侧一对半人多高的石雕抱鼓石最为精美,浮雕的螺纹和牡丹花卉、飞禽、狮鹿等,象征着家族兴旺富贵、子孙绵延永世。

高浦村内不仅有许多祠堂,还有不少寺庙、宫观,延续着中国传统宗教信仰和闽南地方神祇崇拜。如今,高浦村中可查证的各种庙宇、神宫就有44座,较有名的有上帝宫、西竺寺、观音亭、城隍庙、西安宫、鳌江宫、普德宫、西龙岩、关帝庙、圣王宫等,祀奉的各方神明有玉皇大帝、如来、观音、杨戬、赵公明、李靖、吕洞宾、水仙、阎罗、城隍、土地公等天仙地神,也有妈祖林默娘、大道公吴夲、圣王郭忠福、孙应祖师等地方神祇,还有留名青史的大禹、屈原、伍子胥、鲁班、项羽、关云长、王

鹤浦鳌江西安宫

　　审知、朱熹、陈布衣、戚继光、范介卿等历代名臣、圣人贤达。

　　高浦村文物古迹保存较好并具代表性的庙宇有三座：（1）位于鹤浦路56号旁的鹤浦鳌江西安宫。始建年代不详，清咸丰七年（1857年）重建，1982年翻建，供奉保生大帝。坐北朝南，前、后两殿，面宽10米，通进深22米，中门悬"西安宫"木匾，正面廊道上立有清代石雕龙柱一对，保存完好。建筑中保留大量精美的清代建筑石构件，具有很高的文物价值和艺术价值，包括前殿两侧龙虎壁、石雕墙堵、楹联石柱、石柱础、石雕窗及石狮、龙柱等，多处石雕刻有"咸丰七年"或"咸丰丁巳年"制作年款，是宫庙建造年代的依据。前殿门前正中的石构御道极为罕见，是保生大帝出巡时的专用通道。这种型制仅在海沧青礁保生大帝慈济祖宫可见，而在中央天井内设置花岗岩方台也颇为少见，是举行作法祭祀活动的专设祭坛。（2）位于高浦南路51号旁的鹤浦鳌江宫。宫前有水泥埕和戏台，为村民聚集休闲场所，也是村中渔民讨小海贩卖之处。宫前的戏台上常可看见未完工的渔船。始建年代不详，清乾隆五十六年（1791年）重建，民国时期及1992年翻建、重修，供奉妈祖。坐北朝南，为前、后两殿，面宽13米，通进深26米，中门悬"鳌江宫"匾。殿内基本上保存着原有建筑石构件，实属不易，尤其前、后殿三对落款"乾隆五十六年"的青石蟠龙柱和花岗岩蟠龙

一、传统村落

鹤浦鳌江宫后殿

柱，完美而精湛，令人赞叹。还有前殿的门面、龙虎壁、石雕窗、石雕板、石雕墙堵、屋角镇邪狮以及天井内的方形祭台、各式石柱础等，特别是石柱础上所雕饰的云鹤宝塔、奔鹿跑马、梅枝竹林、鲤鱼跃龙门、双龙戏珠等花纹，精雕细刻，题材罕见。（3）位于杏林东路56号。供奉观音菩萨的西竺寺，历史悠久，始建年代或早于明末清初，清嘉庆戊辰年（1808年）重建，民国二年（1913年）重修，20世纪"文革"时毁，1990年和1999年重新翻建。坐南朝北，前、后两殿，左、右有二层释仔宅，总面宽27米，通进深36米。前殿为天王殿，后殿为大雄宝殿。前殿后廊立有民国癸丑年（1913年）重修西竺寺缘题芳名碑，后殿保留部分原有的墙基、墙裙、柱础，并保存三对镌刻行草楹联的石柱，分别落款"嘉庆戊辰年"及"民国二年"。

高浦村内除了传统的宗教和民间信仰外，作为近代西方宗教早期在华传播的闽南沿海地区，还建有两座西式教堂。中西潭路有1901年始建、1928年重建的天主堂，鹤浦路有中华基督教堂，它们是了解近代西方文化传播厦门以及中西文明相互影响的建筑实例。

历史上的高浦向来是沿海军事重镇。曾经辉煌的高浦城，建造的时间

高浦古城内的中华基督教堂

比厦门城还早,规模和兵力也超过中左所城(即厦门城)。早在明朝初年,为防备倭寇骚扰,明廷着手在东南沿海地区设水寨,造战船,建立海防体系。洪武十九年(1386年),明太祖朱元璋命信国公汤和重新筹划浙江等地海防。洪武二十年(1387年),又命江夏侯周德兴前往福建

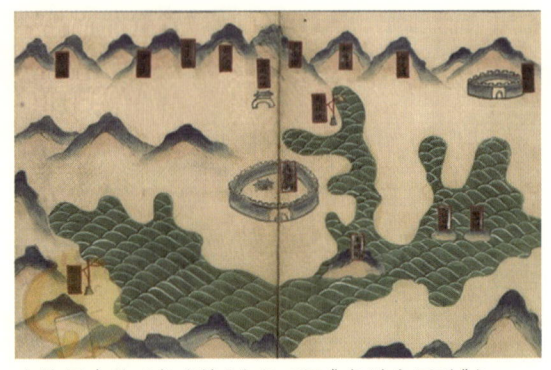

古地图中的"高浦城"(明万历《泉州府图说》)

巡视海防,并在福州、兴化、泉州、漳州四府沿海地区筑城16座,增设巡检司45处,其中包括高浦巡检司。最初的高浦巡检司城并不大,周长只不过450米,高约5.7米,有南北2个城门,官兵100余人。至洪武二十一年(1388年),在福建沿海共设置了5个指挥使司和12个守御千户所,在军事级别上由指挥使司下辖千户所,其中的永宁卫指挥使司驻扎于泉州,管辖厦门防务。洪武二十三年(1390年),为加强厦门沿海防守,将永宁卫辖下

一、传统村落

的中右所1258名官兵移驻高浦,设立高浦守御千户所,而将原有的高浦巡检司迁到嘉禾里(今厦门岛),并于洪武二十四年(1391年)重新扩建高浦所城。重建的所城周长1510米,墙高5.44米,墙基宽约3.2米,设有东、西、南、北4个城门,每个城门上建有门楼,城墙上设有供士兵站岗、休息的窝铺16处。明永乐十五年(1417年),又将城墙加高到6.4米,并在4个城门增加瓮城。正统八年(1443年),为加强守卫又增筑了4个敌台。到明万历时(1573—1620年),营房也增加到1028间。此时的高浦城俨然是一座布防缜密、雄伟壮观的军事要塞。而迟于高浦城3年、于洪武二十七年(1394年)建造的中左所城(即厦门城),规模和驻军都略逊于高浦城,周长仅有1360米,康熙年间扩建后才达到1400米(据2005年文物调查实测)。初建时,厦门城城基宽度也较高浦城略窄,驻军1204人,也无月城,在万历时有营房987间。因此可以看出,当时高浦所城的军事地位要比中左所城更突出。高浦所城建成后,与金门守御千户所城、厦门中左守御千户所城形成鼎足之势,互为犄角,在军事防御中发挥了重要作用。

正统十四年(1449年),倭寇和海盗船200多艘围攻高浦城,被高浦军民击退。在这次战斗中,有百余名义士殉难,因此城中建有"百义祠"奉祀亡灵。高浦城存在了250多年后的1655年,正在金厦抗清的郑成功部将、工事官冯澄世为了修筑同安丙洲新城及厦门岛内的高崎寨、五通寨、湖莲寨,下令拆毁所城,将石料装船运往丙洲岛和厦门岛,修筑新寨。其后,清初海禁,沿海大规模迁界,高浦城遭到彻底拆毁,从此湮没于历史中。

高浦城城墙遗迹之一

高浦城城墙遗迹旁的古井

如今，在高浦社区西南部和杏滨路东南段北侧仍保留着古城池的格局，可见一栋栋密集的房舍相连并排着，由数条纵横有序的街道将其分隔成数块街区。主要街道是从南门至北门的"南北街"和从东门至西门的"东西街"，两条街道交叉于中部地势最高的"十字街口"。南北街和东西街四端与后来修建的环村路交汇处的路口，是原来的城门位置。北门和北街是高浦城进出的主要路口和通道，北门外的南北走向的曾厝街和西北走向的西安街，是连接通往同安县城和漳州府城的通衢大道，附近又有水仙路头、妈祖路头等多个码头，交通便捷，因此，北门内的北街也成为主要商业街。城内主要街道还有北门内向东走向的"石埕街"，专门经营布匹买卖并设有染布作坊。另有仓前馆巷、海中馆等。在新中国成立初期，高浦城内外的商业非常繁华，民房鳞次栉比，居民上万人，沿街开设各种手工业作坊、客货栈、店铺等数百间。人流熙熙攘攘，车水马龙，据说街道上方都被五颜六色的开店摆摊的搭棚蓬布所遮盖，因此有"不见天"之名。至今北街保留下数间门板式古店铺门窗和数段光滑的老石板路，不禁让人遐想到旧日里由此经过的南来北往的商旅和客流。2009年第三次全国文物普查时，对古城址进行实地测量，南北门之间长约560米，东西门之间宽约360米，城

高浦古城中心的十字街口

一、传统村落

高浦"伯府"

周约 1510 米，城址平面如同上大下小倒立的竹笋形。现在城墙、城门大多已不存，只留下西门和门旁的土地庙，以及附近村路旁遗留的数段残垣断壁，共有三段，总长约 50 米，残高 0.8~2.3 米，厚 2~3 米，墙体以花岗岩条石砌建，局部夹砌红砖。20 世纪 50 年代，旧城墙石料还被拆下，用于修建马銮海堤和高浦海堤，有的村民建房时也就近拆墙取石。后来，被拆除后的墙基位置逐渐形成村道，近年村道被修成环村的水泥路。

高浦城中原来的东北部有"高浦千户所"衙署，中部靠南的地方有粮库"高浦仓"，但早已不存，只余下建筑所在的遗址地点。现古城中保留下的较完整历史建筑，就数赫赫有名的"李啻"和"伯府"。高浦中路 2 号的"李啻"，原为明代高浦千户所李鸿千户的住所，建筑规模很大，由前后两落大厝及左右护厝组成的典型闽南大型红砖古厝，总面宽 32 米，通进深 23 米，共有 36 间房，主体大厝为"十四架梁出步"高等级建筑规格。厝前有宽大院埕，埕内有红陶井栏，历经数百年，古朴沧桑。院内还保留下一人多高的旗杆石，标示着曾经的主人功名非同一般。"伯府"是郑彩、郑联兄弟的故居，位于鹤浦路 95 号、97 号"石埕口"。原来由前、中、后三落大厝及南侧护厝组成，"文革"时，后落倒塌，现存前、中两落和护厝，面宽 19 米，通进深 25 米。前埕立有一对旗杆石。建筑举架高大，屋面为"十四架梁"结构,整体装饰朴素,具有明末清初建筑风格。

郑氏兄弟是南明政权的重要历史人物,郑彩曾是从事海上贸易的武装集团首领,拥有大船100多艘,后归入郑成功水师;郑联曾掌管大军,作为整个厦门岛的最高统治者,后被郑成功计杀于万石岩,为郑成功夺得厦门控制权和后来反清复明、收复台湾奠定了基业。郑氏兄弟也是高浦望族,因郑彩受封"永胜伯"(后加封建国公),郑联受封"定远伯",故当地称其住所为"伯府"。

高浦"李衙"院埕内的六角形红陶井栏

岁月如烟,"伯府"虽已残损,却见证了往日那段不寻常的历史。

文/图:郑东

古"杏苑"杏林村

——集美区杏林镇杏林村

杏林村现为厦门市集美区杏林街道杏林社区,位于厦门西港区北部的杏林湾临海地带,东隔杏林湾,与集美街道的孙厝、兑山村遥相对应。古时村子北面有通向内陆灌口古镇,并衔接东西向而通往漳州府、同安县的大道。宋初,杏林属于同安县明盛乡安仁里,元代归安仁都。明成化年初,恢复安仁里,里下设都,后来都下设保。清末民初,属于安仁里三都三十三保。民国二十四年(1935年)废里都旧制,实行区署、保甲的联保制,当时杏林区署驻于灌口,高浦村为三甲(郑氏、高氏、王氏),与曾营的陈氏、吴仔尾的谢氏合称"五甲"。民国三十二年(1943年)撤区,建乡设保,"五甲"成为一大保,高浦为"小保",此时杏林归属鹤场乡。翌年,鹤场乡撤除,并入灌口镇。新中国成立后,1950年同安县废除保甲制,建

一、传统村落

立乡政权,从此杏林村先后隶属同安县第二区、灌口区、杏林工业区、厦门郊区、杏林区、杏林镇、杏林街道等。2006年,厦门市"村改居"工程中将杏林村变更为杏林社区,与宁宝、纺织、曾营、高浦、内林、西亭、杏北总共8个社区同属杏林街道。

从明清至民国时期的数百年间,尽管行政区域划分归属变更频繁,但村民的生活形态并没有发生太大的改变,依然延续原有的方式进行。由于杏林村背山面海,靠近海边的村民生活以讨小海为主,捞捕小鱼、虾、蟹等,有的通过围海造田。靠近内陆的部分村民从事农业,种植水稻、土豆、地瓜、花生等农作物。历史上,由于杏林村与周边的村庄都属于多山丘、台地的地形,少有良田,随着人口的增加,形成人多田少的现状,而单纯的经营方式也无法满足村民的日常生活需要,加上海上交通的便利,使得当地人滋长出向海外另谋出路的想法。19世纪60年代初,清朝政府同英、法等国签订条约,允许华工出洋。清光绪十九年(1893年),清政府宣布废除海禁旧规,国人再次出现出国热潮。在此前后,许多村民前往马来西亚、缅甸、菲律宾、印尼、吕宋、台湾等地,有的做粮油杂货生意,有的以打工为主,置身于海外,谋生于海外,创业于海外。长期以来,大量成年的男丁到南洋谋生,成为当地的习俗,也使杏林村成为远近闻名的侨村。[1]

杏林村的村民以周姓为主,占人数的90%。福建周氏的历史渊源最早可溯及唐朝,唐总章三年(669年),唐高宗李治为平定闽南"蛮獠啸乱",提拔左郎将陈政为朝议大夫,执掌岭南行军总管事务,颁诏令陈政率领将佐123名,府兵600人,到原绥安县地(含漳浦县)"相视山原,开屯建堡。靖寇患于炎荒,奠恩于绝域"。此时,陈政的部下府兵校尉、原籍河南汝南地区固始县的周广德也随军到闽南。数百年间,周广德后裔散布闽南各地,至北宋时,有一周氏分支从漳州迁到今厦门海沧后井村。而开发杏林村和附近前场村的周氏历史相对要晚一些。据杏林村周氏族谱资料记载,明朝永乐二年(1404年),有一个27岁的年青人周延宾被充军发配到闽南地区。一路上历尽千辛万苦,多次迁徙,来到杏林一带,见此处土壤肥沃,面朝大海,周围杏树成林,于是放下行囊,选择在此居住。这地方也就被称为杏林,后来又有"杏苑"之雅称。从此,周氏子孙后代便在这块土地上栖息繁衍,农耕海作,现已传至25代,有4000多人。100多年前,周氏先祖一脉辗转到金门定居、繁衍生息,在金门形成一个周姓村落,人口千人左右。

---

[1] 参考吴吉堂主编:《杏林史话》。

自 2001 年以来，金门与杏林两地的周氏宗亲互访频繁，金门宗亲多次到杏林拜谒祖先，而杏林也组织宗亲团赴金门巡祭浦边的周氏祖祠和安歧的周氏祖庙。杏林村在清末民初还出了一位教育家周殿薰（1867—1929），年少时中秀才，受聘玉屏书院大董事；清光绪二十三年（1897年），与兄长周殿修同中举人；宣统二年（1910年）殿试一等，授吏部主事。后辞官回到厦门，任同文书院校董，是厦门图书馆第一任馆长和同文中学第一任华人校长。原故居在厦门中华片区周宝巷 26 号，可惜十多年前中华城建造时被拆除，故居中古井的青石井栏现收藏于厦门市博物馆。

周氏宗祠成为老人活动场所

周氏宗祠大厅内"吏部主政"匾

1989 年，随着厦门经济特区的发展，杏林区被批准设立为中国最早的台商投资区之一，境内进行大规模开发建设，在区域内进行"三水二电一路"多项基础设施建设，招商引资，兴办大量企业，建立工业小区和生活小区，一大批村庄进行成片拆除，重新规划和配套建设的全面改造。今天的杏林村也发生了翻天覆地的变化，村庄改成社区，社区内建起高楼林立的住宅小区，村民住进了新建的楼房，古村落原有的两座周氏宗祠和宫庙就地保留下来，延续着香火，传承着传统的习俗和信仰。现在这些地方已成为乡亲和村民聚会、休闲的场所。

杏林社区内的两座周氏宗祠分别称为"大祖庙"和"二祖庙"，都坐落在社区的中心地点。大祖庙又称"大榕下祖厝"，在门牌号苑东路 168 号与 291 号之间。始建年代不详，清代重建。因遭受白蚁侵袭，于 1982 年、1994 年两次重修。祠堂坐西南朝东北，是由前后两落大厝（门厅、正厅）组成的单

周氏宗祠（大祖庙）

进廊院式建筑，中为天井及两侧廊庑，建筑面宽14米，通进深20米，前有大砖埕，总占地约300平方米。门厅面阔三间，进深三柱，凹寿门上方悬挂"周氏家庙"匾额，抬梁式梁架，悬山顶，三段式翘脊。正厅为敞厅形式，面阔三间，进深四间，抬梁式梁架。厅中部设神龛，神龛上方悬有为周殿薰题"吏部主政"木匾，悬山式瓦楞屋顶，燕尾式屋脊。祠堂经数次重修后仍保留较多原有建筑石构件，包括房基、石窗、柱础、抱鼓石及部分木柱等。前埕还立有四对旗杆石，显示家族子孙后裔在古代科举考试中金榜题名的荣耀。二祖庙是杏林周氏分支祠堂，距大祖庙约30米，因年久失修，20世纪40年代倒塌，1956年重建，占地面积300多平方米。每年农历二月十二日，宗族开展"大公生日"祭典活动。祭拜之后，共用午餐，称为"吃祖祀"，夜晚还要"演大戏"，即请外来民间剧团（芗剧，又称歌仔戏）在村中搭建戏台表演，欢度数天。还有每年农历三月二十一日早上六点要到海沧白礁慈济宫"请火"（即请香），"请火"队伍中要有两尊保生大帝和一尊虎将公三抬轿子，当天返回。回村后吃"香桌"，连演芗剧数日。

在城镇化程度很高的杏林社区还保留了两座有着悠久历史的文物古迹。一座是苑东路190号的固元宫，是闽南常见的小型寺庙建筑，始建年代不详，清代修建，1989年重修。坐南朝北，前、后两殿，两殿之间有拜亭连接，亭子两侧是小天井，又称棋盘格局。建筑面宽 8 米，通进深 14 米，宫前有石埕。前殿平开三门，面阔三间，进深三间。前有横向的檐廊，大门两侧一对清代青斗石狮左右护卫，廊道上一对六角形花岗岩石柱支撑，廊道两侧墙体是龙虎堵；后殿面阔三间，进深三间，正中设置供奉妈祖的神龛。殿内有两对楹联石柱，其中一对清代石柱镌刻："水德配天威巩固，母仪称后合坤元"，最后两字合成"固元"宫名，即冠尾联。祠堂屋顶很有特色，并非闽南常见的翘脊和弧形的马鞍形山尖，而是呈平折转角的土形山尖，宫庙内还保

固元宫大门前石狮

固元宫

一、传统村落

朝元宫

存较多的清代建筑石构件，包括房基、柱础、石柱、石狮及石柱等，都具有一定的文物价值。由于本宫妈祖是从厦门岛内何厝的顺滋宫请来的，所以每年农历三月二十二日要去"请火"，圣驾包括妈祖、虎将公和香火担。回村后吃香桌，演芗剧。古时每次"请火"都是坐船去，回来时正好是乘着东南风，所以总是很顺利，信众都认为这是妈祖灵验的缘故。

另一座是苑东路208号的朝元宫，始建年代不详，清光绪三十一年（1905年）重建，1970年倒塌，1990年就地重建。坐南

朝元宫"苍龙教子"龙柱

朝北，前、后两殿，两殿之间有拜亭。棋盘格局，建筑面宽10米，通进深17米，宫前数十级台阶。前殿面阔三间，前部为宽廊，平开三门，中门悬"朝元宫"匾，三段式翘脊，绿色琉璃筒瓦屋面；后殿为敞厅，面阔三间，进深五间，大于前殿，供奉保生大帝及大使公、姑妈婆、玉皇大帝、佛公。建筑内保存大量清代建筑石构件，包括房基、墙裙、柱础、数对楹联石柱，其中神像前一对石柱镌刻楹联"朝报显神灵丝绳诊脉，元勋昭宋代渥马渡江"，为"朝元"二字冠头联。宫殿正面一对清光绪乙巳年（1905年）制作的蟠龙青石柱，苍龙教子图案雕琢生动，翻江倒海，栩栩如生。后殿供桌摆放来自南洋的大砗磲香炉原物。殿前一侧立有清光绪辛巳年（1881年）重修朝元宫碑记石碑，记载宫殿建造历史。

文/图：郑东

一、传统村落

千古流芳

——海沧区海沧街道青礁村

青礁行政村因古时候有绿石渡而得名,清代《海澄县志》中就有相关的记载:"里有绿石渡,潮平可舟。潮退,行者还,泞甚,苦之。"它位于厦门市海沧区的西南部,由芦塘、院前、过田、大路、后松、埭仔、鸿江等7个自然村组成。它南临九龙江入海口,西与龙海市角美镇白礁村相连。当地人口约4536人,其中颜姓族人约有4050人,占90%,其余为陈、王、黄、鲍、石等姓的居民。

2015年,首批福建省级传统村落名录公布,青礁村被福建省住房和城乡建设厅、福建省文化厅、福建省财政厅认定为首批省级传统村落的村落之一。

青礁村有悠久的历史,至迟在北宋时就已存在。据族谱记载,青礁的颜姓族人被认为是孔子学生颜回的后裔,从山东辗转迁徙到福建永春县,大约1000年前其后代再迁青礁。在过田自然村东约300米的纱帽山南坡上,有北宋时颜氏的始祖墓——颜朴庵墓,可以证明青礁村的历史不会迟于北

海沧青礁村颜氏家庙的螭龙纹石窗

宋。南宋时，青礁村已有明确的记载，时人杨志在撰写慈济宫碑碑文时介绍这个村庄说："介漳泉之间，有沃壤焉。地势砥平，名曰青礁。"

青礁村人杰地灵，有不少的著名人物。这里是北宋名医吴夲的主要活动地。吴夲（979—1036），字华基，即保生大帝，俗称"大道公"、"吴真人"、"医灵真人"。尽管是北宋时出生于福建泉州府同安县白礁乡（今为漳州台商投资区白礁村），但他生前采药炼丹的主要地点却在青礁，在他坠崖过逝后，民间搭建的简易纪念性小祠——龙湫庵，也在青礁，是谓青礁慈济宫的前身。他是古代济世良医，著有《吴夲本草》一书。他医德高尚，医术精湛，"按病与药，如矢破的"，因而"活人无数"，远近闻名，受到民间的敬仰和崇拜，去世后被朝廷追封为大道真人、保生大帝等，被闽台及东南亚民间尊为医神和保护神。现中国大陆和港澳台以及东南亚地区有2000多座供奉吴夲的保生大帝庙宇，信众过亿人，从而使保生大帝信仰习俗成为这些地区最重要的民间习俗之一。

这里有明代开拓台湾的第一人——颜思齐。颜思齐（1589—1625），字振泉，海澄县青礁人。为人豪爽，有武艺，是最早大规模招徕闽南百姓移居开拓台湾的功臣，为汉民族开拓台湾做出了巨大贡献，被尊为"开台王"。据说当年去台湾的船只带着青礁的方块红砖作为压舱石，今台湾云林县水林乡水北村颜厝寮的"七角井"就用当时的压舱石作为井的壁砖。在台湾省云林县北港镇，人们还可以看到现代所建的"颜思齐先生开拓台湾登陆纪念碑"，远古悠悠，四海茫茫，碑是对他的最好纪念。

在古代，青礁村民十分重视教育，设私塾相当普遍，如颜珍伟宅左组建筑（87号）即为私塾。正由于重学重教，热心科举，仅宋代，青礁颜氏家族就出了18位进士，可以说是缙绅辈出。所以在家庙崇恩堂内，刻上了引以为豪的对联："祖孙冢宰，父子卿相。"

青礁村古迹众多，既有不少的古遗址，又有古墓葬，还有古井和众多的古建筑。这些珍贵的文化遗产是青礁千古流芳的灵魂，其中遗址有过田遗址、芦塘遗址、纱帽山遗址。这些都是宋代以后的村落遗址。从全国第三次文物普查的情况看，遗址上可采集到明清时期的青花瓷片、砖瓦片等，有的遗址还发现有明确的文化层，如芦塘遗址就发现在青礁村芦塘社东北方向约300米的山坡上，面积约16000平方米，文化堆积层厚0.9~1.6米，第一层为灰褐色的耕土层；第二层为局部堆积，内含大量螺壳；第三层为灰褐色土层，内夹大量的红瓦、红砖、陶瓷等碎片。此层下有一灰坑，灰坑口径1.47米，深0.51米。灰坑内填灰褐色土，并有少量红瓦片、陶瓷片

一、传统村落

等。在此遗址的东南部还采集到不少的宋代青瓷片，估计此处还有宋代文化堆积。过田遗址发现于青礁村过田社东北约50米的田野上。遗址为一坡地，上种龙眼树。面积约1100平方米，文化层厚0.5~1.5米，地表可见大量的明清时期红砖瓦片、青花瓷片、宋代青瓷片等。

为什么会有这么多古遗址呢？由于还没有进行考古发掘，目前还不能回答这个问题。但这么多村落遗址被发现，可以推测很可能历史上的战乱或瘟疫对这里的村落产生过毁灭性的影响。显然这些遗址对研究厦门地区的闽南古代村落的演变有较高价值。

在青礁村北面的蔡尖尾山的支脉上，有崎山、鸡冠山两处寨址。崎山寨址位于海沧镇青礁村海拔188米的崎山顶部，平面大体呈长舌形，长67.8，宽46.5米，占地面积约3152.7平方米。四周寨墙环绕山顶一周，寨墙墙体利用天然岩壁叠砌不规则石块并加垫泥土而成。北寨墙略有倒塌，但均可看出寨墙的走向，北寨墙长度超过70米，宽2.1米，残高0~2.78米。东南寨墙呈圆弧状走向，它的西南寨墙长约45米，宽1.3~2.36米，残高1.1~1.68米，其中北侧一段墙体的剖面为曲折状，墙体总宽2.36米，内侧墙体宽1.46米，外侧墙宽0.9米，外侧墙体高于内侧墙体0.3米。它的西北角还见一方形寨门，均用当地花岗岩石块砌筑。顶盖大石板，门基本保持完整，宽1.2米，高在1.9米以上（底有落石未能测到底），厚2.2米。寨门窄小，明显突出它的防御作用。寨内西北部有花岗石块垒砌的石墙一堵，西北—东南走向，残长3米，厚0.9米，残高0.25米，很可能是寨内的房屋墙基。在寨的东南部有一平面呈"凸"

崎山寨址寨墙

鸡冠山寨址的东南寨墙

字形的明代三合土墓。

鸡冠山寨址位于海沧镇青礁村海拔 147 米的鸡冠山顶部。寨址平面略呈圆形，直径约 50 米，占地面积约 1808.64 平方米。它以山顶为中心，四周有环绕山顶一周的寨墙，寨墙墙体充分利用天然岩壁，叠筑就地所取的不规则花岗岩石块并加垫泥土而成。其中东南寨墙和西寨墙保存较好，前者长约 15.2 米，残高 0~3 米，厚 0.5~0.8 米，后者残长 11.6 米，残高约 1.5 米，墙厚 0.75 米。东南寨墙上开有宽 0.35 米，高约 0.3 米的瞭望和射击孔。由于在地表及寨墙均没发现有时代特征的遗物，但根据此寨与东边的崎山寨址遥相对峙判断，二者当是同时期的产物。

这些山寨是什么时代的人因何而建呢？尽管民间传说这些寨可能为宋代所建，同时青礁慈济宫中的石碑也有这样的记载，宋景祐年间，当地贼寇猖獗，"居民鱼惊鸟窜，朝暮不相保，率请命于侯（指吴夲）"。但由于没有经过考古发掘，其时代目前还无法确定。根据闽南一带历史上是抗倭和郑成功部队抗清的主要地区和一些地方志记载的零星资料，初步判定它们的时代不出宋代至清代范围。

青礁的古建筑数量多且保存较好，既有大大小小的宫庙，如青礁慈济宫、万应庙、古龙宫、大路公庵、崇恩堂、崇泽堂等，又有众多的民宅，如芦塘郑氏官宅、芦塘举人第、颜民淳宅、颜江守宅、颜珍伟宅及颜氏小宗、王艺全宅、颜金发宅等。这些古建筑大都精美可观，构成了一道道靓丽的风景，更是青礁古村的历史见证和让人向往的珍贵文化遗产。

青礁慈济宫，又称"东宫"，位于海沧区青礁村岐山南麓。始建于南宋（前身民间纪念性小祠——龙湫庵在北宋时就有），现存主体建筑为清代时所建。占地面积 3060 平方米。现有建筑分前、中、后三殿，总面宽 49 米，总进深 20 米。地势

青礁慈济宫的石龙柱

青礁慈济宫

由南而北逐渐增高。此宫原有五进建筑，今仅存三进，均抬梁式构架，天井两侧为廊庑。其中前殿重檐歇山顶，叠顶双燕尾脊，抬梁式构架，坐西朝东，方向90°。它由檐廊、门厅和钟鼓楼组成，面阔五间，宽20米，进深三间，宽7.8米，顶层楼阁通连两侧钟鼓楼。宫内保存大量工艺精湛的石雕、木雕、彩绘艺术珍品，如石雕有十二根云龙石柱，蝙蝠的花瓶形石柱和青龙、白虎、"双龙戏珠"、"将相和故事"、"水漫金山"等；木雕大多为精雕细刻的花鸟禽兽，主要有牡丹、石榴、莲花和象、鹿、虎、狮、麒麟、狻猊等。后殿重建于1989年，内供佛道诸神。2000年，在宫的左右两侧按历史原状修复魁星楼和武圣楼。宫内有清康熙三十六年（1697年）《吧国缘主碑记》、嘉庆十九年（1814年）《重修慈济祖宫碑记》、咸丰甲寅年（1854年）《重修青礁慈济祖宫碑记》、光绪二十二年（1896年）《重修慈济祖宫碑记》等。此外后山相传还保存着吴夲当年行医时使用的药臼、丹井和丹灶。此宫为奉祀保生大帝吴夲的祖宫，对纪念保生大帝和研究古代宫庙的类型和演变发展有重大价值，现为全国重点文物保护单位。

万应庙，位于海沧区海沧街道青礁村后松社，门牌78号。这是一座规模较小的前亭后殿式清代闽南传统建筑，方向180°，砖木石结构，硬山顶。主体建筑仅一间，单条燕尾脊。庙门前紧接一平面为四方形的门亭。此门亭歇山顶，平脊，"山"字形山墙。亭外柱上刻对联："宝炬辉煌长昭北阕，威天赫濯永镇焦江。"此庙供奉"邯郸爷"，或称"寒丹爷""韩郸爷"，也就是武财神赵公明，又称奉玄坛元帅。这里的邯郸爷神像黑面如炭，戴铁冠，骑黑虎，执铁鞭，甚为威武，是现存闽台地区最古老的邯郸爷神像。此庙始建于元代，历代有维修。今庙墙体、门廊、石柱及柱础均属清代原物，主体建筑也有清代风格，其余为20世纪90年代重修之物。庙旁可见花岗岩旗杆石两块。因为敬奉的是武财神，所以人们常来这里祈求生意兴隆、发家致富和祛病禳灾。

崇恩堂，又名奉先祠，即青礁颜氏家庙，位于青礁村后松社。清代后期建。原为前后两进夹一天井的廊院式闽南传统建筑，分前殿、天井、后殿，带左右回廊。它规模浩大，气势恢弘，方向202°。总面宽13米，通进深26.4米，建筑面积343.2平方米。砖木石结构。两进主体建筑原为抬梁穿斗式构架，今均改为抬梁式构架，悬山顶。庙的第二进为现代翻建，现存古建筑为第一进，即前殿，假叠顶双燕尾脊，面阔三间（四柱），进深一间。它的正立面开三门，墙体用花岗岩条石砌筑，大门两侧有精致的石雕装饰，其中有方形的螭龙纹透雕石窗，窗上有牡丹、双凤等浮雕。侧门两侧则刻螭龙纹、如意纹、云纹等浅浮雕等。庙内廊道墙上有石碑五通，其

海沧青礁村颜氏家庙——崇恩堂

芦塘郑氏官宅

中有明崇祯十年（1637年）"皇明颜氏家庙丛祀碑记"、清乾隆三十年（1765年）"颜氏家庙丛祀碑记"、清嘉庆二十年（1815年）"颜氏家庙重修碑记"、光绪元年（1875年）和民国甲子年（1924年）的捐款碑。

　　芦塘郑氏官宅，位于海沧区青礁行政村芦塘自然村，传原为姓郑的人家中进士后所建。它原来由左右两组布局、形制一致的对称的闽南传统合院式传统建筑组成，坐西北朝东南，方向140°，现存建筑面宽36.2米，进深60米，均砖石木三合土结构，硬山顶。左组建筑（即30号）保存较完整，由前中后三进主体建筑，中夹两个天井及左右厢房、左侧护厝组成。第一、二进主体建筑均为单条燕尾脊，面阔三间，进深两间。第三进，即后界，为相对独立的建筑，由一座楼（即主体建筑）和左右两座厢房组成，为平脊两面坡屋顶的二层建筑。墙的上部均用土夯筑而成，十分坚硬。墙厚0.36米，外墙的下部均为花岗岩条石砌筑。均面阔三间，进深一间，门都是双层防盗门（即在门后增加花岗岩条石构筑成的加强门。此外天井两侧厢房为平脊，左侧的护厝为马鞍形山墙、平脊，两组建筑中间有一窄巷，后建有石隘门。从建筑形制看，第三进当为明代所建，至迟不晚于清初，但其屋顶为清代重修之产物。第二、三进则为清代所建。右组建筑（即22号）第一进和右护厝已不存，仅存第二、三这两座主厝，前者单条燕尾脊，后者马鞍形山墙、平脊。总体看来，这两组建筑均十分简朴，没有什么装饰，至少后界的三合土墙体为明代遗物，而屋顶和第二进、第三进建筑均为清代重修或所建时的遗物，因而此宅可定为明清时期所建。官宅前部的庭前广场上有一口花岗岩、板岩构筑井口的水井，再往前为一口半圆形的池塘，都为当时建房所挖，可养鱼养鸭，更是当时风水学说在建房时的具体应用。

芦塘举人第，又称"棣鄂楼"，位于青礁村芦塘，房主为越南华侨富商，后因其儿子陈炳煌考中举人，改称"举人第"。清光绪丙申年（1896年）建。这是一座似方形土楼的四合院式传统两层建筑，坐西北朝东南，方向145°。平面呈"回"字形，中间为天井，总面宽25米，总进深36.7米。砖木石结构，硬山顶，梁全架于墙体上。屋顶两面坡，平脊，四角屋脊起翘。举人第有上下两层，内有围绕天井相通的上下两屋内环廊道，上下层有花岗岩条石构筑的石梯相通，廊道用石柱支起，上架从德国进口的工字钢。楼内共有大小房间60个，其中四面正中均为厅堂，两侧为寝房。第一、二进均面阔七间，进深两间。该楼历时三年方建成，用工达76.6万个，耗资36.98万银圆。它的装饰华丽，艺术价值很高，其中前楼上下层大门两侧廊道的正面墙上有蓝色彩绘"卍"字纹；两次间、梢间的墙体则用拼石砌出十分精美的钱纹（铜钱）、雷纹、略亚字等几何纹，水车堵、门窗上有精心绘制彩色山水、人物画卷，屏门、梁、柱、雀替等处饰精美木雕，大门两侧廊柱等均刻制精致的对联。此外，窗额、门扇上都有墨书文字和对联，大多反映传统忠孝等道德伦理和渴望科举功名等内容。屋脊剪粘拼出螭龙纹组合，门窗上镶有精美的西洋彩色玻璃。这是一座集闽南传统建筑、土楼和洋楼建筑因素的三位一体的经典建筑，有相当高的艺术价值和建筑方面价值。

颜民淳宅，位于海沧区青礁村，门牌为院前25号。它为一座带院墙的闽南传统建筑，平面呈长条形布局，规模宏大，气势非凡。它建于清光绪十八年（1892年），坐西南朝东北，方向52°。分围墙、中部铺花岗岩条石左右铺红砖的庭前广场、建筑三部分，其中建筑由两组中间为前后两进主体建筑和左右两侧各一列护厝构成。砖木石结构，硬山顶，梁全架于墙体上。总面宽39.3米，进深22米。第一进均假叠顶两条燕尾脊，第二进为单条燕尾脊，两进均面阔三间，进深两间。中间为天井，左右两侧为厢房。

一、传统村落

颜民淳宅

两侧护厝均面阔七间，进深一间。左右护厝相互对称，均平脊，马鞍形山墙。该宅建造精致，装饰多样且十分精美。第一进正立面墙体下部为泉州白花岗条石砌筑，上部有六角形、菱形拼砖结合图案。水车堵上有彩画和层次错落的村庄景象灰塑，大门两侧有山水、牡丹、花鸟和题字的彩画，屋脊上有龙、麒麟、鹿、花草等剪粘。此外梁架、坐斗、格扇等都有十分精美的花卉、螭龙、狮子、大象等木雕。可见它的艺术价值很高，对研究厦门古建筑的类型和装饰艺术很有意义。此宅为颜民淳在新加坡做生意发达后所建。

颜民淳宅木雕

颜江守宅，位于海沧区青礁行政村院前社，建于清光绪壬寅年（1902年）。它为一有围墙、院落和三组主体建筑组成的闽南传统建筑，坐西北朝东南，方向136°，总面阔54米，进深23.1米。分围墙、庭前广场、建筑等部分，其中左、中、右三组建筑连成一体。其间为巷道，前后均开有门，中间有平脊的过水廊相连，左右两侧则各有一列护厝建筑。梁均架于墙上，硬山顶。每组建筑均分前后两进，中为天井，天井两侧为厢房。第一进均为假叠顶双燕尾脊，第二进为单条燕尾脊，两进均面阔三间，进深两间。左右护厝相互对称，均平脊，马鞍形山墙，面阔六间，进深一间。此宅建筑装饰精美，艺术价值高，对研究厦门古建筑的类型和装饰艺术很有意义。墙体下部用泉州白的花岗岩条石砌筑。第一进大门两侧墙体有精美的石雕、灰塑图案装饰，其中窗额上的人物、花草与文字图轴雕刻尤为精美。大门墙体上部有六边体、六棱体和"福（如）东海，寿（比）南山"文字或"卐"字纹间花草的彩绘十分华丽。水车堵上的山水、建筑、花草等灰塑、彩画立体性强，精美绝伦。屋脊上有龙、麒麟、鹿、羊、凤凰、花草等剪粘。此外梁架、坐斗、雀替、吊筒、格扇等都有十分精美的木雕。此宅为颜民淳的大儿子颜江守所建。

颜珍伟宅及颜氏小宗位于海沧区海沧街道青礁村院前社。由左、中、右三组合院式闽南传统建筑组成，砖石木结构，方向150°。清代建筑。门前有花岗岩条石铺筑地面的长方形庭院（即埕）、砖砌围墙，庭院长38米，宽9.9米，围墙前为一口长方形的池塘，长47米，宽约14米。左组建筑（87号）即私塾，原由前后两进主体建筑及左右厢房组成，面宽11.7米，进深17.4米，均硬山顶。第一进为假叠顶双燕尾脊，第二进为单条燕尾脊，两者均面阔三间，进深两间。左右厢房各一间，今已塌毁。后花园平面为长方形，宽11.7米，进深5.3米。内有方形亭子一座。中组建筑（85号）

颜珍伟宅木雕鳌鱼

一、传统村落

颜珍伟宅及颜氏小宗

即住宅，由前后两进主体建筑和左护厝组成，总面宽38米，总进深32.5米，均硬山顶。第一进为假叠顶双燕尾脊，第二进为单条燕尾脊，第三进（即后界）及左护厝均为平脊，马鞍形山墙。第一、二进面阔三间，进深两间；第三进面阔十一间，进深一间；左护厝面阔六间，进深一间。右组建筑即颜氏小宗，由前后两进主体建筑和右护厝构成，除右护厝为硬山顶外，前后两进均悬山顶，抬梁式构架。第一进为假叠顶双燕尾脊，面阔三间，进深一间。第二进为单条燕尾脊，面阔三间两柱，进深两间三柱。右护厝平脊，马鞍形山墙，面阔八间，进深一间。此宅装饰十分华丽，主要有梁架、雀替上的狮子、大象、花鸟、鳌鱼、螭龙纹、蝙蝠、"有凤来仪"和人物故事等木雕。石雕主要有花卉、螭龙纹镂空石窗、盆景艺术等。水车堵上有剪粘、彩绘、灰塑等手法制作的山水村落画。门额上方有卷轴、册页书画装饰，屋脊上有精美的花卉剪粘，山墙有灰塑、剪粘手法制作的螭龙纹图案。此宅为清咸丰年间所建，1959年台风中，部分屋顶被毁。"文革"中，屋内屏风被毁。2007年，大门被盗。房主颜珍伟曾在越南经营大米、糖料生意，并当过越南的官吏。

这种住宅、家庙、私塾三位一体的古建筑并不多见，保存至今的更少，除海沧区莲塘别墅外，只有这一处，而且装饰精美，艺术价值很高。

王艺全宅位于青礁村院前。这是一座由前中后三进及左右护厝组成的合院式清代闽南传统建筑。坐西北朝东南，方向110°，总面宽28.8米，进深30.32米。砖木石结构，硬山顶，木梁全架于墙体上。第一进为假叠顶双燕尾脊，第二进为单条燕尾脊。第一、二进均面阔三间，进深两间。左右护厝为平脊，马鞍形山墙，面阔七间，进深一间。第三进即后界，面阔七间，进深一间。此宅装饰十分精美，既有精美的狮子、螭龙、花鸟等木雕，又有花卉剪粘。此外大门两侧有螭龙纹灰塑及书卷彩绘，水车堵有精美的航海图、山水画。原有"大夫第"牌匾，今已不存。土改时，政府曾将此宅分给村民。

　　颜金发宅，位于海沧街道青礁村大路，建于清代晚期，为一座合院式闽南传统建筑，由门楼、内院、前落、天井、后落、左护厝、右外护厝组成。方向204°，总面宽30.1米，进深30.3米。门楼为抬梁式，单条燕尾脊，为一间四柱。砖木石结构，除门楼为悬山顶外，余均硬山顶。第一进假叠顶双燕尾脊，面阔三间，进深两间，中间为大厅，两侧为寝房。第二进为单条燕尾脊，面阔三间，进深两间，中间为主厅，两侧为寝房。左、右护厝不对称，均为平脊，马鞍形山墙，硬山顶。左护厝面阔七间，进深一间，右护厝面阔三间，进深一间。墙体下部为泉州白花岗岩条石砌筑，上部为红砖墙。此宅装饰十分精美，正立面地栿、身堵等处的石雕花卉、人物生动逼真，而门楼及前后进的梁、雀替、垂花等处的木雕狮子、花卉等则相当精致。同时，水车堵内的彩绘房屋、山水、人物也画得栩栩如生。屋脊花卉、龙等剪粘都具有很高的艺术价值，是厦门古建筑中的珍品。

　　从上述描述中，可以看出这些古建筑有丰富的中国传统文化气息，如水车堵中的剪粘、彩绘构成的画卷，墙体上的书卷、画轴装饰，都是明显的中国书画风格。透雕螭龙石窗，牡丹、双凤等石雕，精美的狮子、大象、花鸟、鳌鱼、螭龙纹、蝙蝠、"有凤来仪"和人物故事等木雕，龙、麒麟、鹿、花草等屋脊剪粘，此外还有楹联等，都充分体现了浓厚的传统文化积淀。彩画中的内容甚至有代表当时先进生产力水平的蒸汽轮船（火烟轮）。这可说是清晚期青礁村不少村民出洋谋生、见多识广的见证。这些外国因素在古厝下中的反映，说明青礁村当时已处在中外文化交流的前沿。

　　这里有较有名的古井，如四孔井，因井口花岗岩条石盖板有4个取水孔而得名。它位于海沧区海沧街道青礁村后松78号万应庙右侧30米处。始凿于元代，明清时期曾维修。这是用花岗岩条石砌筑的一口方井，长1.98米，宽1.64米。今井口距水面高约0.43米。此井用花岗岩条石砌筑井

一、传统村落

四孔井

壁，井口横铺花岗岩条石板。石板制作规整，只在侧沿钻凿半圆孔。因孔径较小，条石板铺放有7~15厘米的间隙，从而使四孔相对变大成椭圆状，其中一孔长径0.35米，短径0.29米。此井在清代《海澄县志》有记载，今仍为村民所用，对研究厦门地区古井的结构和类型有一定的价值。

这里还有北宋时期的颜姓族人的始祖墓——颜朴庵墓。它位于过田自然村东约300米的纱帽山南坡。墓茔略呈椭圆形，长径11.8米，占地面积约180平方米。而坟的平面为太师椅状，北部中央为长方体的封土堆，长2.9米，宽2.33，高0.9米。坐西北朝东南，方向170°。封土堆前端有一明万历年间立墓碑。碑为花岗岩，上端倭角，长方体，宽0.8米，高1.4米，上刻楷书"颜氏始祖之墓"，明万历年间（1573—1620年）立。碑两侧有护石。据族谱记载，墓主颜朴庵，名愷，北宋漳州路教授，是青礁村颜氏开基始祖。此墓对于研究厦门地方史和海沧青礁谢氏家族的历史有较重要的价值。此外，在芦塘自然村的西侧有清乾隆年间的颜兰畹夫妇合葬墓。

青礁村见证了海峡两岸族源上的同根同源，文化传承上的源流关系。从这里的大宗祠"开漳堂"已发展分衍出两个小宗祠，即"崇恩堂"、"崇泽堂"来看，颜姓族人在青礁辛勤劳作，繁衍生息，已有较长的发展史，人口也越来越多。和闽南其他地区一样，明代以来，颜姓家族也向外迁居发展，如明崇祯壬申年（1630年），青礁颜氏始祖颜慥的二十二世孙颜世贤迁去台南，成为台湾的颜氏家族始祖。今天，在台湾的颜姓族人约有10万人，主要聚居在台南县下营乡红厝村（永康瓦厝部庄），台北松山上塔悠（隆六堵以北）等地，此外在漳化浦盐，台南六甲，高雄旗津（岛），台中清水镇、梧栖、龙中、新北九份、桃园、花莲等也有分布。其中台湾省台南县下营乡红厝村的颜姓族人祖上肯定是从青礁村直接迁移过去的，原因有二：一是两地的族谱正好连接对上。二是下营红毛厝颜氏家庙的楹联就道出了这方面的秘密，如"从青礁发源，祖德宗功在昔创垂昭百代；分茅港聚族，子姓孙支于今俎豆耀千秋"，显然两地颜姓族人同根同源。

此外，从风水的角度来看，青礁村有三孔井、四孔井各一口，象征"七星坠地"。这种情况与台湾省水林乡水北村发现属颜思齐开台时的明代"七角井"相类似，从侧面揭示出两地族人的源流关系，佐证了颜思齐从海澄青礁（今厦门市海沧区青礁）迁居台湾的历史。

从2007年起，台湾颜氏宗亲总会与青礁颜氏宗亲建立了密切联系，台南下营乡等地的颜姓族人多次来青礁祭祖。从2010年4月起，青礁村颜氏族人则每年清明节组团赴台湾与嘉义、云林与颜姓族亲共同举办祭拜开台王颜思齐的活动。2010年4—5月，青礁村组织了119人赴台湾进行"庚寅年保生大帝神像赴台湾巡游暨海峡两岸保生慈济文化节"活动。2015年6月，邀请台湾颜氏族人参加在院前举办的"同名（宗）村、心连心"活动。这些相互来往和交流，密切了亲情，产生了"同祖同宗、同根同源"的共鸣，在一定程度上促进两岸民间的交流和两岸和平发展的态势。

文/图：陈文

古建筑的海洋

——海沧区新阳街道新垵村

新垵村位于海沧区新阳街道中部，在美丽的马銮湾南岸的西南部。它包括新垵、惠佐、东社、许厝四个自然村。本地人口约7000人，其中约70%的人姓邱，另有叶、林、李、郭、施、钟、戴、张、周等姓，现今还

新埔古建筑群中心区（1）

有外来人口2万~3万人在村中租住。

新埔的历史悠久，可上溯到唐代。从地名看，新埔周边有古代窑址，如新埔村南边有磁窑岭（又叫防倭岭）；惠佐自然村就因古代这里有窑址和陶瓷作坊而得名磁灶（瓷灶），后雅化为惠佐。今已在新埔周围坡地上发现了不少的唐代至宋代窑址，主要有许厝窑址、黄牛山窑址、惠佐窑址、祥露窑址，可证至少唐代时，这里已有人类在烧造瓷器。

元朝时，新埔村称"郑墩"。元末，厦门岛曾厝垵村的曾明避乱于同安县十八都山平洪，后入赘邱家，并迁郑墩村的盐墩，较之原老家曾厝垵，这里为新居地，所以得名新埔，至今已600多年。入赘后，曾明改曾姓为邱姓，被奉为新埔邱姓一世祖。这也是其族谱中"邱曾氏"得名的由来。

明清时期，新埔属漳州府和泉州府的交界地带，为泉州府同安县和漳州府龙溪县（后为海澄县）三都管辖。明嘉靖四十五年（1566年）以后到1958年10月并入厦门市前，这里都属海澄县三都。古代新埔各自然村都有众多的小河，

【121】

如中河、边河、顶角河等通向马銮湾,可以驾船直接出海通洋。在当代,村中的河流已被填平,只有屋前的池塘会让人忆起往昔的河流。

走进新垵,首先映入眼帘的是那些如皇宫一般的精美古建筑。这些古建筑多是本地出洋经商致富人家所建的豪宅,可以说是闽南传统建筑的最后辉煌的杰作。这些古色古香的靓丽风景,构成了新垵古村之美。徜徉在村中小路,是一次令人振奋的古建筑之旅,你会觉得不虚此行,因为它有很高的旅游价值。新垵是一个古村,无论是古建筑,还是门前的池塘,大都是明清时期的原貌。走在这里,好像就做了一次时光的穿越,让人回到古代,分享古时的风貌,发思古之幽情。

新垵古村落规模宏大,建筑布局有序,东边为祖祠,如诒穀堂、仰文堂等;西边有宫庙,如福灵宫、大觉堂等。现在这里还保存有厦门规模最为宏大的古建筑群。它们由70多座闽南传统建筑构成,在新垵村西、北片到惠佐自然村的核心地带,至今保存有永裕堂、邱征祥宅、邱思槛宅、邱振庆宅(贻燕堂)、邱睦宽宅(万吉)、邱汝贯宅(万记)等连绵成片的30座庞大的合院式传统住宅建筑。它的外围还有邱忠坡宅、邱扬阵宅、邱得魏宅、邱思成宅等著名建筑。除了民宅外,新垵村还有众多的宫庙,有名称

新垵古建筑群中心区(2)

一、传统村落

的 23 座，无名的 16 座，其中仅新垵自然村就有 13 座，宗庙有总祠堂——诒穀堂，还有分支的祠堂，如海派的仰文堂、思文堂、裕文堂、文山堂、追远堂；墩后派下五房合一的敦敬堂，门房的垂德堂，舆房的垂统堂，梧房的裕德堂，松房的绍德堂、榕墩堂、田房的丕振堂，岑房的金山堂等。

海沧区新垵西片 302 号邱汝贯宅（万记行主人）的彩画

这些大大小小的宗庙，大都有精美的木石雕刻、剪粘、彩绘等装饰，富丽堂皇。它们的谱系明确，连续不断，敬宗祭祖的主题凝聚着宗族的向心力，体现出祈求祖先赐福和庇护的美好向往。

这些古建筑群属闽南传统建筑，是我国古代优秀建筑中的杰出代表，是我国南迁汉族为了适应闽南地区的环境、气候而发展创造出来的具有地方特色的古典建筑。它既有中国汉族传统建筑的基本因素，如中轴线对称、四合院（包括三合院）、榫卯、抬梁、穿斗、斗拱等结构，又有硬山、悬山、歇山等屋顶。同时它更有鲜明的地方特色，它的形式夸张（如燕尾脊），色调鲜明喜庆（红砖、红瓦），各式精美拼砖图案的墙壁，精细且多层次的木石雕刻，用剪粘方法制作在屋脊等处的动植物，等等，都极富装饰和艺术效果，使之成为中国古代最靓丽的建筑之一。

同时这一支系建筑在明清时期随着汉族移民扩展到台湾等地。此外它的建筑个案也很有特点和历史价值，如邱朝忠、邱开府宅为邱朝忠出钱，邱开府出地所建，这是中国古代合作建房的典型事例，可以说这一支系的建筑在中国古建筑研究中占有重要的地位，具有很高的研究价值，特别是在中国古建筑的源流和地方特色、装饰艺术等研究方面是不可或缺的珍贵资料，对研究中国古代建筑史很有帮助。而且那里著名的古建筑众多，如永裕堂、邱征祥宅、邱得魏宅、敦敬堂、福灵宫等。

永裕堂是一座规模宏大、气象万千的古建筑，建筑面积约 1500 平方米。前有长方形池塘，后为院墙。第一进为平脊，马鞍形山墙的前横屋。第二进为后横屋，第三进为主落，第四进为后界，这三进均叠顶双燕尾脊，左右两侧为平脊，硬山顶，马鞍形山墙的护厝。整座房子均硬山顶。第三进主落面阔三间，进深两间。所有建筑梁均架于墙体上。此建筑装饰十分精美，有彩绘、木雕、剪粘等，木雕主要有狮子、螭龙、人物故事、花卉等，屏风上有钱纹等。水车堵上有剪粘与灰塑的山水人物故事图案，精彩无限。

建于清代道光年间的邱征祥宅，由横屋、庭院、主体建筑、后界和左右护厝组成，占地面积约1000平方米，共有大小房间49间，开门99个。它的做工十分精致，装饰华丽。无论是灰塑、彩绘，还是剪粘、拼砖图案都十分精美，更有十分出色的木石雕刻，其中梁枋、屏风等处的木雕刻工细腻，技艺精绝，形象逼真。所刻主要有花鸟、狮子、人物故事等，有极高的艺术价值。

惠佐自然村有建于清同治年间（1862—1874年）的邱得魏宅。它又名庆寿堂，是新垵籍越南华侨富商邱得魏建造的。这是一座由前、中、后三进主体建筑和左右护厝及厢房组成的合院式闽南传统建筑。方向335°，总面宽41米，进深56米，建筑面积约2300平方米。砖木石结构，硬山顶，木梁全架于墙体上。第一进为横屋，叠顶、平脊、马鞍形山墙，面阔十间，进深一间。第二、三进叠顶，双燕尾脊，面阔三间，进深两间。院内左侧有一座单体

海沧区新垵村西片210号邱征祥宅的彩画

海沧区新垵村西片210号邱征祥宅的木雕

一、传统村落

建筑，平脊，马鞍形山墙，面阔三间，进深一间，它和门前的一座四方形凉亭组成私塾。天井两侧有对称的厢房，左右各一间。左右护厝平脊，马鞍形山墙，面阔六间，进深一间。此宅装饰十分精美，木雕主要有狮子、花鸟等。石雕主要有"花开富贵"图、螭龙纹透雕石窗、博古器物、狮子、麒麟、凤鸟、水牛等。水车堵上有用剪粘、灰塑、彩绘等手法制成的山水图，大门左右两侧各有"花开富贵"彩绘，窗额上有用灰塑、彩绘等手法制作的卷轴书画册页装饰，屋脊上有螭龙、花卉等造型剪粘。

1902年建的家庙——敦敬堂，由门楼、庭院、前后殿组成。面宽19.2米，进深40米，占地面积约800平方米。它的门楼为硬山顶，单条燕尾脊。左右厢房为平脊，硬山顶，马鞍形山墙。前后殿均叠顶，双燕尾脊，悬山顶。它的装饰十分华丽，不仅有极为精美的石雕，也有令人叫绝的木雕，主要有人物故事、山水、书卷、花鸟。此外还有精致的剪粘图案，内容主要有龙、马、花鸟、人物故事等，水车堵上的灰塑、剪粘、彩画图卷更是精彩纷呈，使整座建筑仿佛就是一座艺术的殿堂。

福灵宫始建时间无考，现

海沧区新安村北片228号敦敬堂（1）

海沧区新安村北片228号敦敬堂（2）

海沧区新安村北片228号敦敬堂（3）

海沧区新安村北片228号敦敬堂（4）

【125】

厦门海沧区新垵福灵宫

存建筑为清光绪时期修建的。它坐东朝西，由前后殿和右护厝组成，面宽19.5米，进深20.3米，建筑面积400多平方米。前后殿均面阔三间，进深两间，悬山顶。前殿为叠顶，双燕尾脊，后殿单条燕尾脊。护厝平脊，马鞍形山墙。它有十分精美的石雕、木雕，雕刻龙、虎、麒麟、人物故事、花草等，特别是石雕龙柱等，运用浮雕、透雕技术，精雕细刻，刀法十分流畅，高超技艺令人拍案叫绝。它的梁枋、雀替、垂花等还有精美的花鸟、花篮、狮子、人物等木雕，艺术价值很高。

新垵村古建筑多是出洋经商致富的人家所建。他们经济实力雄厚，对豪宅建筑十分讲究。这些古建筑群和谐对称，装饰立体化，既有精美异常的石雕、木雕、砖雕，所刻花鸟、象、鹿、狮、龙、羊、鳌鱼、麒麟、人物故事等，形态多样，生动传神；又有严谨又富于变化的几何纹拼砖图案，而大门两侧常有灰塑或彩绘的图案。水车堵上有灰塑和彩绘的山水人物、动物、村落画卷，屋脊上多饰有华丽的剪粘图案。所有这些均内容丰富，十分精美。正因为它们材美工精，有多方位多层次的各种装饰，从而精彩

一、传统村落

无限，美轮美奂。因而它们的建筑艺术价值极高，正如早年外国传教士说的，这些精美古建筑远胜于其他地区，是中国古代民居中不可多得的珍品和耀眼的明珠，也是研究厦门建筑技术和艺术不可多得的实物。

新垵古建筑让人感受到传统文化的洗礼和熏陶。从诒穀堂到丕振堂，从垂统堂到念德堂，这些大大小小的宗庙陈说着古代的故事，展现出重祖敬宗的传统精神。新垵古建筑有浓厚的传统文化内涵，除了精美的花鸟、历史与民间故事的木石雕刻外，"花开富贵"、"太平有象"、"福禄寿"等内容的木石雕刻也很常见。不少民居都装饰不少有教育意义的木石雕刻，如邱睦宽宅（万吉）、邱汝贯宅（万记）大门上端的青石户枢上精刻"三娘教子"、"司马光砸缸"的民间故事。窗额上则彩塑有象征多子多福的石榴等。

很多古建筑的门柱、窗上常有对联，如邱得魏宅的私塾学堂"观圃"大门有联"观史愈征书味永，圃荪最爱菜根香"，邱睦宽宅有对联"修省身心如执玉，德昭孙子胜遗金"。这些对联让人深深感受到传统文化的魅力，不少对联强调尊祖敬宗，注重个人加强修养和学习，行为要合乎传统美德，对于今天我们学习中华传统文化很有价值。

新垵古建筑不但让人感受到其中的科学价值，而且让人敬佩古人的聪明智慧。这些古建筑在选址、规划、设计和建造以及隔热、防风等方面都有很高的科技成就。如梁架方面，就处理得十分成功，抬梁式梁架主要用于庙堂、宫寺，它们的架构、梁坊以及斗拱都设计成竖向的厚体，也就是说它们的承重面非常厚，显然有利于增强抗压力，十分合乎力学原理。民居木梁则主要架在厚实的墙体上，墙体厚在 0.4~0.5 米之间。这些构架都能使建筑拥有强有力的抗风能力。这是南迁闽南的汉人为适应厦门多台风的环境，而做出的合乎科学的聪明

海沧区新安村惠佐社邱知成宅（1）

海沧区新垵村惠佐社邱知成宅（2）

改进。同时在屋顶上加叠五层的宽大俯瓦，与其他很多地区使用浅薄的灰瓦或黑瓦形成鲜明的对比，使整个屋面得到增重，避免或减少了强风的负压吸刮走屋瓦的情况发生。这也加厚了隔热层，很大程度上防止了炎热暑夏时太阳的辐射热往屋内传导，使室内夏天也相当凉爽。同时还进一步减少了屋顶漏雨的机会，并保证了瓦面整体的美观。再者，房屋的天井空间相对较小较狭长，都能有效减少夏天太阳对屋内的暴晒。此外在建筑材料方面具有广采性，如墙体就有红砖墙、石墙、版筑土墙、竹骨泥墙、土坯砖墙、木板墙等十几种，这些都是因地制宜、合理利用资源的客观见证，是闽南地区古人聪明智慧的结晶。

　　这些闽南传统豪宅群，规模宏大，布局有序，精美华丽，气象万千，特别是以讲究的用料、精良的制作、多角度多方位的华丽装饰著称于世，显示出高超的艺术效果。其本身蕴藏着浓厚的文化价值和巨大的经济利益，是引人入胜和不可复制的高等级旅游资源，有极高的历史、文化、艺术、科学、旅游和建筑史方面的研究价值，是中国十分难得的一处杰出的古建筑群，是研究中国古建筑史、华侨史以及厦门地方史、闽台关系史不可多得的珍贵资料。2009年，被列为第三次全国文物普查的重要新发现。

　　新垵古建筑见证了新垵人的向海外发展史，让人感受到新垵人过去在

海沧新垵古民居群（北片）

海外创业的艰辛以及成功后的振奋和自豪。这里是中国东南沿海著名的侨乡，人们把下南洋称作"下洋贩番"。清代《新江邱曾氏族谱》记载：明成化七年（1471年），邱弘敏就私下航行到马六甲通番。梧房第八世的邱世派"于嘉靖六年（1527年）六月二十巳时因往汶莱国，卒于彼处"。明朝时新垵邱姓族人出洋大多去吕宋岛（今菲律宾）。清代邱姓族人主要到南洋和台湾等地谋生和发展，特别是鸦片战争后，厦门被辟为对外通商口岸，这里的人们纷纷出洋谋生，形成潮流，其中马来亚的槟城是其海外最大的聚居地。

经过几十年的奋斗，新垵下南洋的不少幸运儿主要在东南亚等地经营生意发达致富，如邱得魏先在越南西贡做杂活，后做大米生意发财；邱杨阵在南洋经营贸易、交易所等事业。有的回厦开洋行，如邱睦欢、邱汝贯兄弟在清晚期分别开办万吉、万记洋行。此外梧房的邱忠坡，海长房的邱天德家族、邱振祥及其子邱春江、邱振庆等，海二房的邱扬阵、丕达嫂，田房的邱四方，松房的邱昭忠、邱有益等都是十分成功的商人，有的还是清代至民国时期南洋、缅甸一带的巨富，就连邱菽园也因在清末回新加坡继承其父邱笃信（又名邱正中）的遗产而成巨富。这些富商发达后不忘家乡，纷纷回乡建房，以光宗耀祖，所以新垵就有了这么一大批豪华的深宅大院。这些古建筑对研究华侨海外奋斗史、激励人心很有价值，是涉侨文物。此外不少建筑特别是宫庙又是涉台文物，如正顺宫，明以前称观音堂，清嘉庆二十三年（1818年），马来亚槟城、台湾的邱姓宗族集资将它扩建为三进的新庙，并改名为正顺宫。

新垵古建筑群，尤其是那些大大小小的宗族祠堂，是海外侨胞、台湾同胞思念故乡、深化认同感、追寻历史的客观寄托，是加强与海外侨胞、台湾同胞联系的桥梁，让人感受到"血浓于水"的宗亲情怀。因而他们回乡寻根也就形成潮流，可以说这些建筑有很高的历史价值和现实政治价值，对研究中国华侨史、厦台关系以及厦门近代经济等意义非凡。

新垵村有不少宗亲组织。清道光年间，海外槟城族亲邱悦成立了团结和联系宗亲的组织——龙山堂邱公司，新垵村也有相应的以祠堂诒穀堂命名的族亲组织，管理族产、村落、办学和接受捐赠。嘉庆二十三年（1810年），重修正顺宫时有碑上刻："大使爷槟城（今马来西亚槟城）公银百二元。"这些捐款都由当时的宗亲组织接收。

龙山堂邱公司过去在募资、购房、办学校、种橡胶园、办义冢、资助家乡公益事业方面发挥着积极作用，如1907年在龙山堂内创办新江学校，免费教育族人子弟。

远在异域马来亚的槟城和缅甸的仰光都有源于新垵村的宗族宗庙及堂号组织"龙山堂"、"诒穀堂"。这些都昭示着新垵村人的开拓进取、勇为人先、出洋迁居的积极精神。

新垵有多姿多彩的非物质文化遗产。作为古村，新垵村不仅有丰厚的物质文化遗产，还有丰富的非物质文化遗产，如送王船仪式活动、"顶房"习俗等。由于新垵村人在过去常常漂洋过海谋生和通番，风浪难测，不少人葬身海中，为了保证正常的家庭生活和家族的传承，不致绝户的危险发生，新垵村邱姓族人往往在本村的小姓族人或家世较弱的人家中找一个男丁来顶替出洋的亲儿子，这个男丁必须改姓邱，以保证这家的香火不断。这种习俗叫"顶房"，很有特色。此外家族中还采用选同宗族人过继男

一、传统村落

丁——"入嗣子"的办法来保持家族传承,"入嗣子"的选择一般是按血亲的亲疏原则进行,必须是同姓的宗亲,先是最近亲的堂兄弟,再到稍疏远的堂兄弟。

这里有保生大帝信仰,宫庙有福灵宫、大觉堂、静明堂等。此外还有广惠尊王(东晋名将谢安)和大使爷(即东晋名将谢玄)信仰,宫庙为正顺宫。

新垵村还是著名的武术之乡,是五祖拳的主要传承地。五祖拳创始人为蔡玉鸣,民国时,其关门弟子沈扬德招收新垵村的邱剑刚为徒,设"鹤阳馆"和"玉明武术研究会",使五祖拳在新垵村得到光大,当时即出现了邱思志等十大虎将。1947年成立了新垵武馆。即使是"文革"时,新垵村青年也练武不断,如今不少的新垵村小孩早在两岁时就开始练武。这里的小学校还将五祖拳列入学生课程,新江小学还组织有武术队,因而在全国武术比赛中,新垵村的选手也曾多次获奖。如今五祖拳已被列入福建省级非物质文化遗产保护名录。

厦门海沧区新垵村

厦门海沧区新垵村北片269号宅

  还有民俗活动"宋江阵"。"宋江阵"操演，在新垵村传统庙会的活动中引人注目，很显然，该阵势是受到了明末清初郑成功"藤牌兵"和五祖拳的影响。"宋江阵"中以"宋江"、"卢俊义"各持大旗按梁山英雄排座顺序分两队人马出城呐喊和跑阵，随着鼓点，不断变化队形，跑出蝴蝶、龙卷水、八卦、长蛇、田螺等阵势。

  走进新垵古村，你会感到保护古建筑刻不容缓和自己的责任。由于30多年来，新垵古建筑的旅游开发一直没有开展，随着现代化进程和城市化的不断加速以及外来人口的大量涌入，越来越多的古建筑被拆建新楼。可以说，当前新垵古建筑已经是危在旦夕！当房屋租金越来越超过旅游价值的时候，房主拆旧建新就难以避免，我们当然不能苛求作为产权人的他们放弃对物质生活的追求。当前，尽快采取措施对这些古建筑进行有效保护已是刻不容缓。

文/图：陈文

一、传统村落

一水相隔，两岸同名

——海沧区海沧街道霞阳村

　　霞阳位于海沧区蔡尖尾山北麓，海沧区的东北角，马銮湾南岸，与厦门岛隔海相望，人口 3000 人左右。原属海澄县，1958 年归厦门市管辖，1989 年国务院批准设立台商投资区，开发面积 100 平方公里。霞阳村大部分耕地在 1992—1993 年被陆续征用，2001—2003 年，厦门市行政区划后，设立海沧区，保留台商投资区。霞阳村的土地被征用后，按市政府保留下来的集体建设用地建起了工贸区，周边全是新建的厂区。

　　福建与台湾地缘相近，血缘相同，福建先民在明清时期移居台湾，开发台湾，在聚居村落以祖籍地原乡名称和故里习惯冠名。在台湾的佳里就有一个霞阳村，与今厦门海沧霞阳同名同宗，是古时海沧霞阳族亲远迁台湾，在当地繁衍形成的村落。这是海峡两岸血缘、地缘、文缘的真实体现。

夹杂在现代水泥中的古民居（1）

厦门文史丛书

| 厦 | 门 | 传 | 统 | 村 | 落 |

  走进霞阳村，村头的榕树依然郁郁葱葱，枝繁叶茂，温暖的阳光从枝叶间洒落下来，发出柔和的光芒。树下几个老人围坐在石板上，抽上一支烟，泡上一壶茶，从古早讲到现今。

  据《霞阳杨家使头公杨氏支谱》记载，元朝末年，杨寺丞（名轶）全家从河南固始，经浙江丽水入闽。先居长泰，为碧溪派开基祖。不久，率全家定居后溪。寺丞生子耕道、耕德。耕道有9子，其八子德卿居霞阳，为霞阳杨氏的开基祖。今霞阳杨氏已蕃息25代，人口达2000多人。杨氏祠堂是村里最大的祠堂，祠堂的大门上写着"沧海为带，孙支共乐光渔耕；魁山作屏，文瑞微科甲"，《海澄县志》记载，杨氏祖先选择了霞阳这块面山临海的风水宝地，在此繁衍生息几百年。

  现在霞阳姓氏以杨姓为主，其次有林、陈、李、马姓等。霞阳林姓有宗祠无族谱，失考。据族人说先祖坐船而来，祠堂建于清雍正二年（1724年），裔孙现移居许厝、东社。李姓民国从角美迁来，陈姓从厦门迁来，祠堂已毁，无族谱可考。马姓居于村西路，村西原为马姓聚居区，旧称"马厝"。据老人们述说，马厝的马姓人氏原系回族，从西北逃荒至此，择地而居，长幼以兄弟相称，耕作生息，至元代就相当发达了。又说是从漳州迁

夹杂在现代水泥中的古民居（2）

一、传统村落

夹杂在现代水泥中的古民居(3)

徙而来，先在灌口，而后移至霞阳海边。宗兄弟相约集资建造闽南特色的红砖民居，逐步形成村落，也就逐步融入闽南人民的生活习俗，并与闽南人通婚结好。如今的马姓人已经找不到回族的痕迹了。

穿过霞阳村口喧嚣的闹市，从东往西走，可以看见一些闽南古厝，夹杂在各式民居中，红砖瓦、灰白墙、燕尾脊，在阳光的照耀下是如此古朴，又是如此壮观。那弧线优美的硬山顶式曲线燕尾、灵动有致的翘脊、石砌的墙体、清晰可见的雕花，无不透露出闽南建筑集天下大成的美学。

霞阳村是著名的侨乡，至今还保留着见证两岸同胞同根同宗的文物古迹。厦门市人民政府公布的涉台文物古迹中，霞阳杨氏宗祠和应

杨氏小宗木雕

【135】

杨氏小宗

元宫就是其中两处。

在闽南地区，每个家族都有家庙祠堂。由于聚族而居，村村有祠堂，就是它的分支——小宗也有自己的祠堂。这些庙堂建筑装饰华丽，精雕细刻，是家族团结和凝聚向心力的重要工具和手段。霞阳杨氏也不例外，在霞阳有杨氏宗祠植德堂，还有杨氏小宗，他们是村民凝聚的动力与纽带。

走在霞阳西路，你可见一座由前后两进主体建筑和照壁组成的合院式闽南传统建筑。这就是杨氏宗祠植德堂，植德堂始建于明代，坐东南朝西北，总面宽9.4米，进深25.6米。砖木石结构，硬山顶，木梁全架于墙体上。第一进叠顶，双燕尾脊，面阔三间，进深一间。第二进单条燕尾脊，面阔三间两

植德堂的麒麟堵

植德堂全景

柱，进深三间三柱。前后两进主体建筑均悬山顶，抬梁式构架。梁柱装饰有精美的花鸟、象、狮子、鳌鱼等木雕，墙身有麒麟、螭龙纹透雕石窗，在照壁和堂前共立有六座旗杆石。只有获取举人以上科场功名才有资格在祠堂前树立旗杆石，这也是家族自豪感的生动体现。

　　杨氏祠堂是敬祖祭祖和族事活动的重要场所，也是凝聚和团结族人族亲的重要纽带。霞阳杨氏子孙杨文科，自明末清初随郑成功入台，远迁台湾，落籍佳里。清雍正十二年（1734年），继有霞阳杨肇尽兄弟等一批到佳里，在当地繁衍发展成望族，并建有与霞阳祖籍地一样的杨氏宗祠植德堂。杨氏在往台湾垦殖的同时，还往南洋各国开拓，在东南亚各国繁衍，并在槟城和缅甸都建立有植德堂公司。霞阳的杨氏子孙因植德堂组成民间宗亲组织，聚集在一起，为家乡的公益事业出力。

植德堂石雕

应元宫全景

一、传统村落

应元宫透雕石窗

    植德堂几步外便是应元宫，里面供奉着三清大帝等五位神明，香火鼎盛。此庙建于明代，清光绪年间重修，有意思的是，庙开五门，这本是皇室宫殿的规格。为此有人去跟皇帝打小报告，村里人赶紧再请够格居住宫殿的三清大帝"入住"，得以应付过去。应元宫在台湾有分灵庙，传说霞阳杨氏子孙定居佳里后，累于水土不服，疾病缠身，台湾开基祖杨文科就派人返回家乡，把霞阳应元宫的香火带到台湾，在佳里镇番仔寮兴建了与家乡同名的应元宫。几百年过去了，现在台湾应元宫每年都会组团到霞阳应元宫请火，并把从台湾带来的"神灯"挂在应元宫的庙前。

    霞阳村历史悠久，霞阳的闽南传统红砖民居也远近闻名。霞阳的子孙勤劳勇敢有志向，自明末海禁开启伊始，他们就漂洋过海，经商致富。鸦片战争后，厦门被开辟成对外通商口岸，出洋谋生又形成一股潮流，奋力拼搏、积攒财富之后，霞阳的子孙们纷纷寄钱回家修建房屋，以达到光宗耀祖的目的。

    霞阳杨本营本是穷人，随着下南洋的热潮，在缅甸做盐业生意。致富后于清光绪年间回乡，花费4万两白银建造了一幢叠顶双燕尾脊三进合院式的闽南传统大厝，是霞阳现存规模最大的古建筑之一。现为厦门市文物保护单位。

　　杨本营宅背依马銮湾，远离村里的其他建筑，四周有龙眼树、红砖瓦、灰白墙、燕尾脊，有世外桃源之感，和乐静谧。大厝坐西北朝东南，是由第一、二、三进主体建筑和左右护厝组成的合院式闽南传统建筑。砖木石结构，硬山顶，木梁全架于墙体上。第一、二进叠顶双燕尾脊，面阔三间，进深两间；左右护厝平脊，马鞍形山墙，面阔七间，进深一间；第三进平脊，马鞍形山墙，面阔三间，进深一间。此宅装饰十分精美，门厅墙体下部为花岗岩条石砌筑，上部有菱形、六边形的几何拼砖，水车堵有灰塑、剪粘、彩绘等手法制成的历史人物故事，门廊檐上装饰有玲珑剔透的垂花，窗额上还饰有人物、山水绘画。门厅里有雕花屏风，门后有几米高的带滚轮的"防盗门"。大厝就这样静静地伫立在大海之隅，红色的砖墙惹人注目，指向天宇的飞檐，在蓝天白云之下更显出那骄人的魅力。

　　漫步村中，看到废弃的"晦庐"，即杨涵秋宅。杨涵秋是霞阳有声望的乡绅，日伪时期曾经营"三平行""达华行"等，曾当过鼓浪屿三保联保主任。古厝大门嵌着"泉州白"花岗岩门联，联曰："海楼高涌三山外，尘世深藏一粒中。"横批"晦庐"。上联右边刻"涵秋仁弟雅正"，下联落款"夏

杨本营宅

一、传统村落

杨本营宅剪粘装饰

杨本营水车堵装饰

同和"并钤两印章，字体朴拙而饱满，干净有度。夏同和是清光绪十九年（1893年）状元郎，贵州人，是光绪帝御笔钦点的状元，也是清末小有名气的书法家，同时还是第一位状元留学生。这座闽南古厝，燕尾脊，飞檐翘角。与众不同的是，房屋右后是两层楼高的"枪楼"，"枪楼"的屋顶呈城垛形，四周分布着六个枪眼，是防土匪的工事。

走在霞阳幽深的小巷里，在高高低低的平房中，不时闪现一幢闽南传统红砖建筑，它静默在那里，精美华丽的装饰工艺，精致的木雕、砖雕、石雕、泥塑，精雕细琢，如画如卷，使人不禁放轻脚步，慢慢用心去品味那久远的过去。虽然大厝周围盖起了好多幢现代大楼，但丝毫遮挡不了这深深的乡村意蕴。

杨涵秋宅灰塑彩绘

晦庐

一、传统村落

杨涵秋宅枪楼

古民居水车堵上的山水图

古民居的精美木雕

大王公庵

石室禅院

霞阳村里有着大大小小的寺庙，村民适时到庙里烧香祭拜。农历八月十九日是佛祖的生日，按照当地习俗，霞阳村的村民每到这天都会到附近的石室禅院烧香拜佛。石室禅院在霞阳村灵鹫山北坡山脚下，据院内的碑文记载，始建于唐垂拱年间武则天时期。历代重修，新中国成立前后由霞阳村民管理。院内有一长方形石槽，传说是明代戚继光当年扎兵驻寨抗倭时所用。

石室禅院石槽

在石室禅院对面的三魁岭山顶上还有游城寨。此寨围绕山顶而建,寨内长约300米,宽约30米。今仅存东北部及西北部的寨墙,其中东北寨墙保存较为完整。寨墙由花岗岩条石叠筑而成,寨门实为两块巨石间的天然通道,两侧巨石有人工凿挖的门槽。传说此寨为当时漳州府海澄县民间抗倭据点之一。

游城寨城门

霞阳村人才辈出,中国民主革命先驱杨衢云的故乡就在霞阳。杨衢云(1861—1901),名飞鸿,字肇春,别号衢云,霞阳村人。在广东东莞出生,中国近代革命家,1890年于香港创立最早的革命组织辅仁文社,并为香港兴中会首任会长,负责策划广州起义。1895年被选为"中华合众国大总统"。后被清政府刺杀。霞阳人把他当作镇守霞阳的"保护神",将杨衢云塑像立在村口,还专门建立植德堂作为先烈的纪念堂,并成立"杨衢云民主革命史研究会"。霞阳人对能有像杨衢云这样的民族英雄感到光荣,对杨衢云充满敬仰之心。在每年一月杨衢云逝世之日(1月10日)都会举行隆重的纪念仪式,以学习和发扬杨衢云为革命牺牲的精神,鼓励后人为实现中华民族伟大复兴而共同奋斗。

霞阳村口的杨衢云雕像

一、传统村落

　　几百年来，霞阳人过着依山傍海、半渔半耕、勤劳而富庶的日子，20世纪90年代前，霞阳还是阡陌交通，扑面而来的是咸咸的海风，村里满是尊礼朝佛的乡风。整个村落分东、西、北、中四个部分，早先村民以滩涂养殖、农耕收入为主要经济来源，自1992年征地后，村中部和东部用第一次征地补偿款和原有的积蓄盖起了出租房，过上了丰衣足食的生活。现在的霞阳已不是那"小桥流水人家"，伛偻提携，鸡犬相闻的传统村落，人们不再日出而作，日落而息。由于厦门城市化进程的推进，村头对面新建了厦门海沧新阳工业区。现代化的厂房、数以万计的外来者，使它具有了现代化的工业气息，现代化的气息从村口慢慢往村内蔓延，延宕到海边，而霞阳的古厝老屋就这样慢慢地淹没在鳞次栉比的钢筋水泥中。

　　傍晚走近霞阳，附近的新阳工业区的工人下班了，夜市的灯光亮起，此时的霞阳进入了最热闹的时候，它就像一个热闹繁华的小镇，朝气时尚，热闹非凡，大大小小的商店、小吃铺、水果摊一个挨一个，村头是一个农产品齐全的农贸市场。租住在霞阳村的外来打工者都三五成群聚集在一起，耳边充斥的是来自全国各地的乡音。只有在幽深的小巷子里，在那些坐落在现代民房中的古厝里，在那古老的榕树下，望着那红墙翘脊飞檐，在精美华丽的木雕、砖雕、石雕中，在灰塑、剪粘、彩绘的艺术中，才可以静下心来，喝一杯闽南工夫茶，慢慢品味霞阳美好的故事。

文/图：赖建泓

海沧沧江古镇

——海沧区海沧街道海沧村

　　海沧镇位于九龙江入海口左岸，北枕文圃山，南面濒海，唐宋始为海滨聚落，故以"海"为名，初称海口，又沧江由此入海，"海口"、"沧江"各取一字为名即"海沧"，又作海仓，"沧"与"仓"通用，有临海富裕之意而得名。

　　海沧镇原隶属漳州府龙溪县第三都，明嘉庆九年（1530年）巡抚都御史胡琏在海沧置安边馆，筑土堡防御。嘉靖四十五年（1566年），从龙溪县及

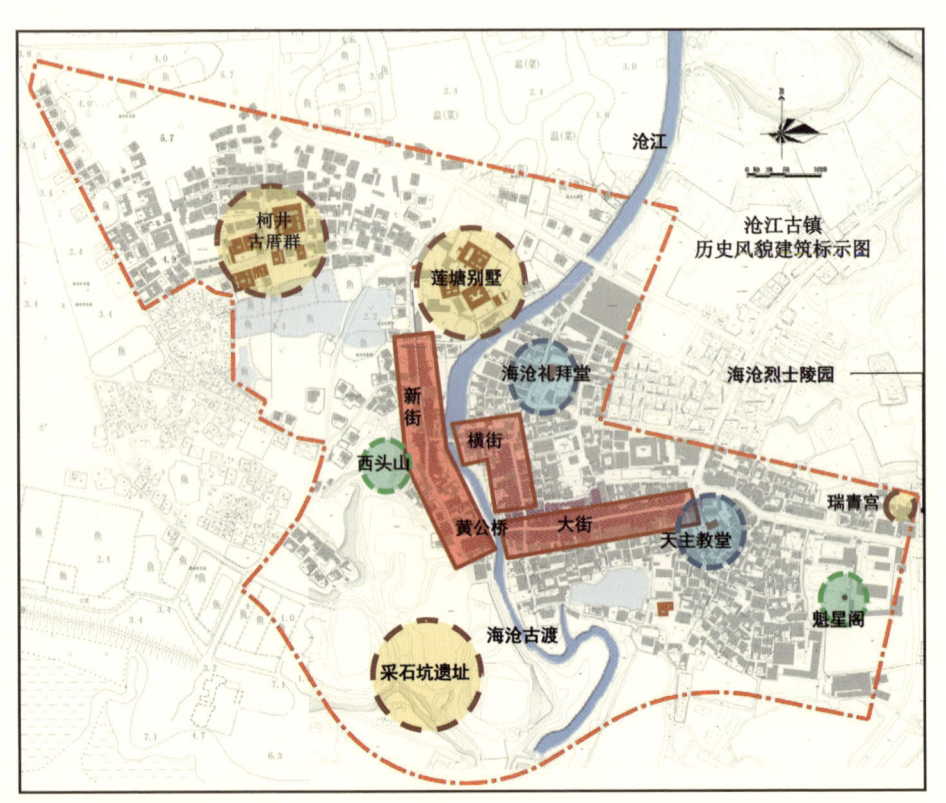

沧江古镇历史风貌标示图

漳浦县划出部分辖地，置海澄县，海沧镇归属海澄县第四里第三都。1940年，划海沧为第四区署，下设沧江镇、金钟乡、新霞乡。沧江镇管辖大路头、大街、横街、新街、柯井、山仰、青礁、院前、古楼、囷瑶，共10保。

沧江古镇位于今海沧街道海沧社区，历史悠久，人文底蕴丰厚。自明代起即为三都治所所在地，几百年来为海沧的政治、经济和文化中心，《海澄县志》谓其为"三都教养之地"。古镇历史风貌建筑主要有：西北区域的闽南传统建筑——莲塘别墅、柯井闽南传统建筑群；中部区域的西头山、海沧大街、新街、横街、基督教堂、天主教堂、黄公桥及海沧老码头；东南区域的奎星阁、瑞青宫及"乐善好施"牌坊（今已废）等，是集闽南传统农耕村落和近代对外贸易市集小镇为一体的缩影。

一、传统村落

待拯救的沧江

沧江及沧江古渡

　　沧江位于海沧镇，发源于文圃山南麓（古楼村附近），自北往南偏东，经古楼、网山、雍厝、大埕、海沧莲花洲等村社，最后经横街涵闸、黄公桥下入海（入海口位于今海沧13号泊位），干流全长约10千米，今已断流，河道或因淤积或因建设大部已废，今仅存大埕社至黄公桥约1.2千米河道。

无奈的回忆

　　沧江古渡与石码分别位于九龙江出海口的左、右岸，1958年前与月港同属海澄县。明代月港一跃成为东南大港，月港的船舶停泊点即包括九龙江北岸的嵩屿、海沧、沙坂（今海沧后井）、澳头等。明郑海商的出海验关所就设在沧江古渡外不远处的圭屿岛，沧江古渡因地利之便与月港呼应而盛极一时。明末清初，因清廷与郑成功父子沿海对峙而实施迁界，月港迅

【149】

速衰落。清代五口通商，厦门港被迫开放，带动了港口自然条件优越的海沧（包括沧江古渡和嵩屿）。沧江古渡成为海沧镇及周边的重要出海码头，海沧华侨大多经此地出洋。当时三桅海船可直接停泊于沧江的黄公桥处，即直接靠泊海沧大街旁。

海丝古街

海丝古街是大街、横街和新街的雅称。这一带居民区从明初开始就依托出海码头形成，三条古街是清末尤其是民国初形成骑楼式商业街，鼎盛时商号达二百多家。商业街连接多条陆上古商路，是海陆商品集散地，来自南洋的侨批也大多汇寄于此，曾经是海沧镇最繁华商业中心和经济文化中心。

大街为东西向纵向延伸呈带状形式，全长290米，街面宽度约8米，街道两边为整齐连贯的两层骑楼建筑，店面面宽3至4米不等，骑楼连廊宽约1.5米，部分建筑细部保留有生动的西洋建筑装饰；横街长约240米垂直的两半段分别连接大街和新街，以骑楼建筑为主；大街、横街均在沧江左岸，新街则沿沧江右岸而建。新街起于莲花洲社，从北向南通向沧江古渡，与大街相接于黄公桥，长约350米，整体建筑风格以手巾寮为主，少部分骑楼建筑。新街、横街部分沿沧江两岸而建，形成前面沿街市，后面沿溪岸的古街建筑布局，利用临街设店、作坊，后面水上货物运输，有"前通街、后到溪"的美称。

近二三十年来，三条老街居民为增加使用面积，许多骑楼的通廊被隔断，店面大门外移与廊外立面齐平，破坏了骑楼连廊的通透性。

横街

一、传统村落

逝去的海丝古街——大街（1）

逝去的海丝古街——大街（2）

黄公桥

黄公桥

　　黄公桥，又名沧江桥，相传为宋代黄九郎所建，故名。宋嘉泰年间建造，元至治年间重修，后损毁。明嘉靖年间，汀州别驾张元龙改旧址，并且增加其面积。清康熙三十六年（1697年），居民修造石板桥。该石板桥为石构平梁桥，东西走向，全长18.80米，宽4米，一墩两孔，每孔架4条石板，船形墩（改建后桥面加宽，上铺水泥）。桥西端25米处有一碑，已半没于土中，仅露楷书"黄公"两字。

黄公桥残碑

一、传统村落

基督教教堂和天主堂

　　1885年，海沧基督教信徒在海沧新街福荫楼设立海沧基督教讲道所。1890年，在讲道所的基础上设立中华基督教海沧福音堂。同时，设立教会学校——海沧溯源小学，学制6年。学校实行义务教育，信徒子女免费上学，后非信徒子女也可申请入学，教师均为基督徒。在信徒们的积极捐资下，1915年，海沧福音堂向海沧林氏购地一块（今林厝埕边埭仔尾，即现址）。1920年，教堂与校舍落成使用。1930年重建教堂，并改称海沧中华基督教会。后历经1987年、2002年重修。

　　海沧天主堂位于海沧大街街尾，由神甫林栋梁于1919年主持修建，为中西混合式教堂，建筑面积154平方米，定名为"圣方济各沙勿略堂"，为厦门天主堂分堂。

海沧礼拜堂　　　　　　　　大街尾旁的天主堂

海沧西头山（1）

西头山

西头山，位于海沧街道驻地西南1公里，即沧江右岸，新街黄公桥至涵间段，属海沧街道海沧村，与新街相对高度约80米，与位处沙坂的"东头山"为"姐妹山"。山体东侧陡峭，西面平缓，山腰至山顶大致为花岗岩。登临东望，左有沧江如带南流，右有鹭江苍茫，古镇村舍街区，尽收眼底。

海沧西头山（2）

一、传统村落

莲塘别墅

　　莲塘别墅，位于海沧街新街46号，清光绪三十年（1904年）至光绪三十二年（1906年）越南华侨陈炳猷建造。别墅由大厝、学堂、祖祠和花园等部分组成，占地面积约3万平方米，建筑面积8235平方米，是目前厦门地区保存面积最大的园林式家族聚集建筑。2009年，莲塘别墅被公布为福建省文物保护单位。

　　莲塘别墅的主人陈炳猷，是帝师陈宝琛的挚友。受洋务运动影响，积极响应实业救国，曾任漳厦铁路公司驻厦总理，主持修建了福建第一条铁路——江嵩铁路。其祖先为金门金城镇人，近年来该建筑也成为金门陈氏宗亲寻访地。

　　别墅的大厝坐西北朝东南，是悬山顶砖石木结构三落建筑，两侧为护厝，前有庭院，建筑面积约1800平方米。家庙名"宛在堂"，坐西南朝东北，悬山顶砖石木两落建筑，建筑面积1512平方米。学堂坐西北朝东南，悬山顶砖石木两落建筑，前有庭院，建筑面积1450平方米。天井内原有

莲塘别墅

莲塘别墅后花园

　　左、中、右三亭,中为戏亭,左、右为观戏亭,今仅存右亭。此外,尚有后花园和上花园,后花园已荒芜。上花园今为可见假山、观景亭(仅存台面)、双回六边莲花池(池上有拱桥)等。

　　莲塘别墅还存有诸多清末至民国时期精美的砖雕、木雕、瓷塑、石雕、泥雕和彩绘艺术品,其中尤以砖雕最为精彩,不仅数量多,而且雕工十分精美,百花、百兽雕在福建最具代表性。别墅前墙立面空斗砖组砌成的花纹,几乎汇集了福建空斗砖砌的全部图案,且手艺高超,色彩鲜丽,至今没有褪色。砖雕工艺十分纯熟精到,且面积巨大,绘画、雕工俱佳。

　　别墅四周原为水塘,遍植莲花,别墅就建在中心莲花洲上,出入以小舟为渡,景色十分优美。后水塘大部分渐淤为陆地,莲花洲上建起现代化楼房,景观受到了破坏。

柯井闽南建筑群

　　柯井闽南建筑群主要有张氏家庙诒德堂、张允贡故居、张夜合故居和四落官宅。

　　柯井张姓家庙诒德堂位于柯井社88号,修建于康熙年间,先后经三次

一、传统村落

海沧柯井社社口

柯井张振成古厝

柯井张氏诒德堂

柯井张氏诒德堂厅堂

一、传统村落

张允贡古厝

大维修，最后一次重修于2009年。诒德堂由二进闽南传统建筑和右护厝组成，坐南朝北，建筑面积215平方。前落面阔三间，前为檐廊，中为凹形门廊，开设3门，中门上悬挂"张氏家庙"木匾，花岗岩及木构梁架，硬山顶，双燕尾脊，门前保留有1对清代花岗岩抱鼓石。后落为厅堂，面阔三间，抬梁式梁架，硬山顶，燕尾脊，厅中设有神龛，供奉祖先牌位。柯井社的居民以张姓为主，人口650人。南宋末年，张宝庵自崎巷迁居海沧柯井，裔孙分两大房，已续至24代，已有800多年的历史。

张允贡故居位于柯井社90号，诒德堂北面，建于光绪十三年（1887年），历经三年完工。故居坐南朝北，由三落主厝、左右护厝和庭院组成，总面积达2014平方。庭院的埕石条铺就，挺显开阔。主体建筑为假叠顶双燕尾脊，是规模较大的"大六规"闽南传统建筑。前落面阔五间，正中为凹形门廊，大门塌寿两侧的身堵贴有花砖，水车堵有民间故事泥塑装饰，硬山顶。左、右护厝为马鞍脊，身堵各嵌一方方形泉州白花岗岩石刻。三进落墙堵装饰有大片福禄寿喜寓意的空斗砖砌。据主人后裔介绍，其建筑材料大部分取自越南，前落大厅地板铺设有印花地砖，虽经百余年，仍鲜艳如初。护厝墙堵饰有大幅瓷贴，画面栩栩如生。庭院栽种的柠檬硕果累累，释迦枝繁叶茂，南洋气息浓郁。主人张允贡出生于柯井社，同治年间去安南（今越南）做生意，起初以补麻袋为生，后开设碾米厂发家，又购买大船从事大米运输生意，日渐发达。允贡不忘家乡，返乡建房，并经常资助贫困乡亲。

张允贡古厝一隅

张夜合古厝位于柯井社25-27号，建于1913年，分别由左、中、右三座护厝夹两座两进的主厝组成。左侧大厝为燕尾脊，右侧大厝及护厝均为马鞍脊。大门、墙裙、立柱、斗拱及廊窗用泉州白石村雕砌，大门的对看身堵饰有平安如意的彩绘泥塑，古朴悠然。主人张夜合，年轻时到安南（今越南）先在碾米店做小工，之后自办了小碾米点发家。张夜合乐善好施，经

柯井张夜合私塾——省斋

一、传统村落

常资助乡亲。张夜合还重视教育，在住宅左护厝前建私塾一座，名为"省斋"，正门前建有读书厅一座。

此外，柯井社还有建于康熙十二年的官宅，正脊为燕尾脊，墙壁为混合三合土材料，十分坚固建筑面积约 1500 平方左右。据族人介绍，主人曾任浙江桐庐县县令，故其宅屋面饰以三条筒瓦，故称官宅。清代，其后人乐善好施，置办饥民收容所，时漳州府授"乐善好施"、"教子有方"匾屏两方，惜毁于"文革"期间。

奎星楼

沧江书院（址在今海沧小学）始建于明代，为当时社学，之后一直是海沧施行教化、培育人才，举行春秋二祭盛典、祭奠孔子的场所，成为名副其实的"三都之教养区"，具相当规模。主要建筑有奎星楼、讲堂三座，占地约二亩余，今仅存奎星楼。

奎星楼始建于明代，供奉"奎星爷"神像。因为建筑造型呈八角形，当地民间惯称"八卦楼"。楼分两层，高约 9 米，楼上楼下前后门的门楣上，嵌着同治甲子年间重修时题刻的横石匾，一题"鳌头拱秀"，一题"联步登云"。楼的屋面是琉璃瓦，顶端还有一个绿色瓷葫芦。现在所见到的楼貌是 20 世纪 50 年代南洋爱国华侨捐资重修。

抗战期间，彭冲等一批地下共产党员就曾于此工作，并组织"海啸剧社"等宣传革命，海沧小学因此成为革命传统教育基地。

沧江书院的奎星楼

海沧瑞青宫

瑞青宫

　　瑞青宫，位于海沧区海沧街道海沧村大路头东侧，海沧东头山之西。瑞青宫为两落宫殿式结构加护厝的建筑物，建筑面积566平方米，广场面积5500平方米。宫正门两侧二根青石盘龙石柱浮雕及两尊青石石狮栩栩如生，宫内石柱、木柱记载着吴真人伟绩与慈善诲语。宫内建筑造型典雅精致，屋顶剪粘考究别致。宫内大小神座，案桌雕刻精致玲珑典雅，金碧辉煌。宫前两株上百年的榕树枝叶苍翠映衬宫庙生机。

　　据清代瑞青宫重修碑记记载，瑞青宫始建于南宋乾道年间，供奉白礁慈济西宫分炉过来的保生

海沧瑞青宫正门

一、传统村落

大帝，清道光二十三年（1843年）、清光绪十八年（1892年）曾有两度重修。现存有重修碑文两方，其中一方为台湾博物馆之父吕世宜亲笔所写。宫庙距今已有900多年历史，该宫统管三都（现海沧街道所辖区域）一带的香火，即统管海沧各村、社的保生大帝庙宇，为三都的境主宫。自明朝末年以来，海沧大量的裔孙迁徙到台湾，人数多达数万人。

"乐善好施"坊

位于海沧村、锦里村和后井村交界的"乐善好施"坊，是石质三开四柱牌楼式，三重檐，檐下嵌一石质匾，上书"乐善好施"。石雕精美，巍峨壮观。海沧村莲塘社陈炳猷致富后，广施善举。南靖水灾，他从越南运来大米施赈。他还在海沧街开设药局，为贫苦乡民赠药。为旌表陈氏之义举，光绪帝钦赐"乐善好施"墨宝，以为坊匾。可惜的是，20世纪90年代初被拆除。

沧江古镇依山临江傍海，数百年来，见证了明代月港、清代厦门港繁荣与沧桑，既有聚族而居的质朴村民，又有五湖四海的掌柜商贩，更有衣锦还乡的拳拳归侨；有对传统的守望，也有对变革的尝闯。20世纪90年代，海沧开发的中心移往10公里外的石塘，百年老街走向式微。以老街为主体的沧江古镇，是近代自贸区的雏形，实为当今自贸区的根。

文/图：廖艺聪

神奇"同"字厝，风云垵柄村

——同安区莲花镇垵柄村

垵柄村坐落在莲花镇镇政府西北 3 公里，北依莲花山，右拥大企山，莲花溪自东南边潺潺流过。莲花溪两岸土地平坦而肥沃，垵柄属莲花山与莲花溪的过渡地带，依山傍水，风景十分秀丽。古时也因村庄建于马鞍形的山边，故名"鞍边"，后谐音为"垵柄"。清代属于同安归德里垵柄保，20世纪 60—70 年代曾是莲花乡政府的驻地，现隶属于莲花镇莲花村委会。村民以叶姓为主，为同安佛岭"郡马府"叶氏派下。民国时期，因村子有叶定国、叶金泰父子二人而远近闻名。近年来，随着村道的铺设，乡村中的道路和村容村貌已明显改变。但村中仍然保留下多处古建筑、古墓葬等文物古迹，保持着独特的历史风貌，承载着古村落曾经的风云变幻和传奇经历。

村落中最为突出的是坐落在村子中部的数座民国早期的传统闽南砖、石、木混合结构建筑，从东向西一字排开的是"同"字厝、叶氏分支祠堂、

"同"字厝俯瞰

"同"字厝天井中的长廊

　　叶氏祖厝、"莲丰厝"等，其中最有名的要数民国时期官匪一身的叶定国所建造的"同"字厝，建筑布局的灵感据称来自"同安"字形，而原本还要建造的另一栋"安"字建筑，因故未能建成。

　　"同"字厝坐西北朝东南，建于1924年，总面宽33米，通进深36.3米，建筑前有砖埕，并有后院。整体建筑依"同"字布局而建，分成三部分，前栋为闽南古厝形式，平面为"口"字形，面阔五间19.5米，内部以十字形通道分成四区，中为挑高厅堂。分区各二房，房上为阁楼，靠厅一侧开有拱形小门。屋顶是大型古厝才有的三段式马鞍脊。"同"字厝的中间为大天井，正中为横向"一"字形二层通透长廊，长16米，宽3.2米，高6.5米。底层为凉亭，上层为阳台，四周栏杆，并有过水廊连接后栋的二楼。此廊四面通透，为主人品茗赏月和纳凉休闲之处。后栋为二层带拱廊的西式建筑，由正面主楼和两侧对称并连通的附楼组成，平面呈"门"字形；主楼面阔九间，通高6.2米，由正中厅堂和左、右两侧各四间房组成。厅堂开有后门，并有石阶通后院；前、后门两侧布设隐蔽枪眼。南侧护楼面阔八间，北侧护楼前段为六间平房，后段为面阔两间的二层楼。房前的圆拱连廊配饰绿色琉璃瓶栏杆，廊道两端转角处有石阶上下楼。"同"字厝在建造上精工细作，融合了中西建筑风格，是一栋集住家与防卫为一体的近代优秀建筑。2001年公布为同安区文物保护单位。

叶定国（？—1938），字硕豪，别名打石兜仔，垵柄村人，是民国时期同安地方武装势力首领、匪首。1917年，孙中山在广州组织护法军讨伐段祺瑞时，委托部下闽南靖国军第一、二路军司令许卓然、杨持平在泉州各县召集民军，叶定国以自卫乡里为名，招兵买马，逐渐扩大成为盘踞当地的一支地方武装。1918年为寻求更大发展，叶定国投靠闽南靖国军，被委任为第五营营长，摇身一变，由匪而官。此后，叶定国根据当时靖国军、粤军、北军在闽南混战之际，以同安莲花山为据点，发展势力，时战时降，曾在同安、长泰、安溪、莆田等地驻防，并先后被委任为福建自治军直属团团长、粤军东路军福建陆军第七旅旅长和国民革命军新编第一军独立第一团团长。终因统领无方，所属部下为地方民团武装，军纪败坏又无战斗力，在莆田驻守期间，招致当地国民军的驱逐和除灭，只得率残兵退据莲花山。后又在莲花山私建造枪厂，制造"土汉阳枪"，招兵买马，东山再起。在此期间，叶定国掠夺和积累了大量财富，20世纪20年代中后期，与族人共建叶氏祖厝和叶氏分支祠堂，并着手修建"同"字厝。此建筑曾作为叶定国的团部、旅部。

垵柄叶氏分支祠堂

一、传统村落

叶氏分支祠堂在"同"字厝相邻的西侧，属于叶定国一脉的叶氏分支祠堂。由前、后两落及双边护厝组成，总面宽25米，通进深20米，建筑前有砖埕。前落面阔三间，进深一间，凹寿门，大门两侧墙面装饰花釉瓷砖，硬山顶，燕尾脊。后落面阔三间，进深一间，中厅及两侧各一房间，硬山顶，燕尾脊。屋檐下的水车堵和财神洞的彩绘泥塑较为精细。

埯柄叶氏祖厝为二落式建筑，由前、后两落大厝组成，中为天井，南侧带一列纵向护龙，总面宽17.6米，通进深20.6米，前有砖埕。前落为凹寿门，面阔三间，进深一间，明间屋面抬升形成门楼式屋顶，硬山顶，三段式燕尾脊。大门前一对辉绿岩抱鼓石典雅精美，门廊上方挑檐梁枋、垂莲拱等木雕制作极为精湛。后落为敞厅，面阔三间，进深三间，抬梁式屋顶结构，硬山顶，燕尾脊。原厅中悬有"文魁"及"选魁"匾，"文革"中被破坏。现厅内中央所悬"奇节流芳"木匾，曾在"文革"中被拆弃于大队碾米间，改革开放后重修此匾，悬于祠内。木匾题字源自村内叶观娘的典故。祠堂西侧尚存两根花纹、石质不一样的旗杆石，曾是两对不同年代、不同人物的旗杆石，显示着叶氏后裔子孙中金榜题名的功名荣耀。据族谱记载，埯柄叶氏开基祖叶万祖为明代初期洪武年间人，为同安岭下郡马叶益曾孙。自宋末以来，元兵入侵，为避兵乱，其祖避居南安高田深埯，元至正三年（1343年），叶万祖回迁同安。明洪武九年（1376年）迁于埯柄，始为埯柄肇基之祖。而村名即取深埯之"埯"，子孙衍播之地均名埯柄（即埯边），以使后代不忘祖地。这也是"埯柄"村名来源的另一说法。

"莲丰厝"，在建筑群最西侧，门牌号为莲花宫边34号，是叶定国堂兄弟叶硕俊的房子。由前、后二落大厝带东侧单列护厝和西侧二列护厝组成，总面宽33.5米，通进深20.5米。建筑规模较大，厝前还有供晾晒的大石埕。前、后大厝均面阔三间，由厅堂和两侧边房构成，硬山顶，燕尾脊。

埯柄叶氏祠堂护厝装饰

坡柄"莲丰厝"

前落正面墙裙以青斗石和泉州白花岗岩砌建,并嵌有醒目的"甲子"二字,西侧护厝正面墙裙上也嵌有"乙丑"二字,"甲子"和"乙丑"即1924年和1925年。所嵌数字既表示建筑的建造年代又作为装饰,又与墙面上拼砌的元宝形花纹互为衬托,象征家族的富足兴旺,这也是"莲丰厝"的由来。这栋古厝在并排的建筑群中年代最早,为叶氏族人发达后首先修建的居所。

坡柄村北部不远的向溪村口还有一座"田仔厝",俗称"一百间"。据说是叶定国之弟叶定胜的住所,叶定胜又称"捵仔"(臭屁仔),曾任叶定国部属团长。"田仔厝"建筑规模之大,建筑精致,在当地享有盛名。20世纪30年代收归政府,1941年曾在此开办集美中学分校,后改同安初级中学,即现在同安第一中学的前身。叶定国养子叶金泰故居在三公里外的瓦窑村,分别是1932年和1936年修建的两栋精美的闽南红砖建筑。

村中所出历史名人有清光绪年间叶清标,行伍出身,曾任驻台(湾)游击多年,立有战功,被清王朝授予二品"武功将军",终逝于台湾。之后叶落归根,回葬于原籍同安坡柄。其墓为龟形墓冢和墓围,墓冢前有清光绪戊戌年(1898年)所立的花岗岩盔形墓碑,墓前两侧立有镇墓石狮。墓葬曾多次被盗,2012年墓前石狮又险被偷盗。坡柄叶氏后代分布于坡柄和台湾,

一、传统村落

大陆的族人每年腊月十三日都于墓前祭拜。大陆族人希望在台湾的亲人能回乡团聚,共修祖墓,共祭先祖。

村中还有一座"娘子坟",流传着明代"姑婆"叶观娘抚弟成人的故事。相传明代有村女叶观娘,生于成化年间,卒于嘉靖年间,早年父母双亡,留下16岁的她和2岁幼弟叶加。因叶家数世单传,仅存一脉,于是观娘发誓不嫁,勤俭持家,一生辛劳,以针线纺织抚弟成人,建家立业,终传血脉。观娘为人宽惠,还置办学田,奖励科举考生和资助社内读书人。当时县令知其事迹,深为感动,上书奏表朝廷,并奉旨颁赐"奇节流芳"木匾予以表彰,其事迹即收于《同安县志》"列女贞孝"篇内。叶观娘年六十二而卒,葬于垵柄鲤鱼头仑,人称"娘子坟"。至今垵柄村每年进行两次祭祀时,仍延续"先祭姑婆(观娘),后祭祖先(叶加)"的传统惯例,以报抚育之恩和不忘根本。

在垵柄村东部500米小山脚下另有一座佛堂,即佛心寺,吸引着来自各地的香客、信众。它原先是叶定国为其夫人邵淑远奉佛诵经而建的私家斋堂。坐东北朝西南,为传统闽南大厝民居样式,前、后二落大厝,中为天井及三面围廊,南侧有护龙。廊道及后落、护龙后半部为二层楼式,总面宽22米,通进深18米,寺前有前埕及半月池。前落面阔三间,进深一

垵柄"田仔厝"

佛心寺

间，凹形门廊，门上悬有"佛心殿"木匾，硬山顶，燕尾脊。后落一、二楼均面阔三间12.1米，进深两间8.6米。后落中为敞厅，两侧房间，一楼前檐廊两端有木梯可登二楼。一楼的敞厅为佛堂，供奉千手观音。此建筑檐廊采用方形砖柱代替木柱，并在建筑中采用了琉璃栏杆，外墙采用了洋灰檐壁等西式装饰，是一栋中西合璧风格的建筑。佛心堂建于1932年，至1936年改为"佛心寺"，民国年间名盛一时，为厦门著名女众丛林，漳、泉两地菜姑纷纷来寺住褡。1951年，地方小学及农技站借用。1999年，收归佛教协会，现住持僧竺冰法师。

佛心寺周边环境优美，前有莲花溪，背靠莲花山国家森林公园。寺前不远即是成片的莲花池，为国家莲花种植基地。每当夏秋之际，吸引着来自各地的摄影爱好者来赏景观莲。

文/图：郑东

一、传统村落

武功之乡古坑村

——同安区汀溪镇古坑村

　　古坑村位于汀溪镇南部的滨海与山区交界的山麓地带，西面村边有西源溪流经，隔溪与褒美村相望，东侧仅隔数座小山与汀溪相距不远，有山间小路相通。汀溪和西源溪是同安主要河流西溪的上游，是古时交通运输动脉，自北向南流经古县城不远即抵达出海口，海船由此可驶往厦门港和泉州港等地。古坑村背山临水，为两大溪流拥抱环绕，开发历史悠久。20世纪50年代，曾在村庄南面的寨山南坡发现3000多年前古人活动留下的石戈和陶片。在宋代，古坑村、褒美村及隔山相邻的汀溪村等方圆十余公里的区域内遍布生产陶瓷的窑炉作坊，生产大量瓷器销往海外，村子周围至今仍保留下大量的陶瓷遗物和遗迹。

　　明清时期，古坑村地籍上属永丰乡感化里泽芦保，北靠御史岭。御史岭因长年受雨水冲刷形成许多沟壑，加上山体本身的泉眼也汇聚成涧，方言称"坑沟"。最早的村民在坑沟边建房聚居，而后，逐渐形成村落，故村名"古坑"。旧时的古坑比现在的古坑村小了许多，现在的许多自然村如石狮、蔡坝、美岐山等都不属于旧时的古坑，但在姓氏播迁上属于同一源流。

　　古坑村居民多为叶姓，姓氏属佛岭郡马府二房伍派下。然而旧时古坑村为杂姓之地，原居民有吕、许、廖、周、章、罗、杨、翦（音剪）等姓氏，如现在叶若渊祖厝即原翦姓的居住地，后洋村为杨姓居住地，蔡坝为周姓居住地。2008年文物普查中登录的宋代章厝窑，也是因章姓居住地而命名的。元明之际，叶姓从褒美村播迁古坑后，落地生根，日益壮大，而其他姓氏或因自然灾害，或朝代更迭等因素逐渐外迁，渐渐形成了现在古坑村以叶姓为主的局面。

　　古坑村叶姓开基祖为两大支系，分别出自叶若渊、叶敦祖两个同胞兄弟，因御史岭一条小清涧划村而过，分成了上古坑、下古坑。上古坑以叶敦祖为开基祖，下古坑开基祖为叶若渊。两地祖祠的前埕原来都竖有许多旗杆石，显示着家族子孙后裔的科举功名，然而时代变迁，已无处可寻。

　　古坑村自古地灵人杰，民间习武蔚然成风。当年古坑村之所以武功兴盛，既与其所处山区地理位置和家族发展有关，也离不开当时的社会背景。入清以来，历经康乾盛世后，清王朝开始走向衰弱，国内社会矛盾加剧，

【171】

国外列强虎视眈眈，特别是鸦片战争、太平天国运动，极大地动摇了清王朝的统治。在这种形势下，清王朝为维持其封建统治，大力扩充武备人才，以应对战时之需。而扩充武备人才的主要途径，一为科考选举，二为荐辟。清朝武科选举通常为三年一次，会试天下武举，另据需要临时增设恩科。人才的需求和频繁的科考，造就了古坑村众多武子通过科考成为社会的栋梁。清《同安县志》中就记载了许多属于古坑籍的武进士、武举人。如武进士有：（1）道光丙戌科（1826年）叶向日，钦点卫守备。（2）道光戊戌科（1838年）叶舒青，殿试三甲，任通永镇都司，南征尽节，世袭云骑尉，专祠。都司为正四品武官，仅次参将；云骑尉为勋衔，即对阵亡人的子孙授以世爵的荣誉称号。（3）道光庚戌科（1850年）叶春晖。（4）咸丰壬子科（1852年）叶景堂。（5）咸丰癸丑科（1853年）叶昌时（一作叶时昌）。（6）咸丰己未科（1859年）叶定国，钦点卫守府，授台中都司，嘉义中军守备，台北、漳化都阃府。叶定国后人多在台湾。武举人有：（1）嘉庆庚午科（1810年）叶超。（2）嘉庆癸酉科（1813年）叶玉。同科的还有后中的武进士叶向日。（3）道光辛卯恩科（1831年）叶春魁。（4）道光乙未恩科（1835年）叶廷魁，第四名，字升老。同科的还有叶舒青。（5）道光己亥科（1839年）叶殿章，第二名。（6）道光甲辰恩科（1844年）叶荣邦。（7）道光甲辰恩科（1844年）叶元晖。（8）道光乙酉科（此县志记载有误，按年序排列，前已有乙酉科，道光乙酉为道光五年，即1825年。此应为道光乙巳年，即道光二十五年（1845年），或道光己酉科，即道光二十九年（1849年），姑暂按旧志所记）叶凤翔，同科的还有连捷武进士叶春晖。（9）咸丰恩科叶光明，同科的还有后中的进士叶景堂（按：本文以武举人单列为准，把已列入武进士的人物在武举人名单中省略，仅附带说明）。（10）咸丰戊午科（1858年）叶宝书，第十名。（11）同治壬戌科（1862年）叶拔元。（12）同科叶金魁。（13）同科叶登云。（14）同治丁卯科（1867年）叶绍三。从上述可知，仅同安旧县志记载，在清代道光年至同治年的58年间，古坑籍登第者就有武进士6人，武举人14人，可见武功风气之盛。尤其是有清一代的同安武进士共有35位，古坑村就占其六分之一强，以至于道光皇帝颇有谕称："同安为武功最盛之区。"

可惜的是，历经岁月烟云，这些武备人才的故居大多已无可寻觅，所剩寥寥无几，仅在古坑村店前和邻村褒美还保存着两座进士第。店前进士第，在古坑村店前自然村36号东北侧，是清道光二十九年（1849年）连捷武进士叶春晖的故居。为二落式红砖古厝，坐东北向西南。20世纪50年代公社化时为古坑全村的公共食堂。建筑屋顶颇有特色，后落与一般闽南古

一、传统村落

古坑村叶春晖进士第

建筑相同，燕尾脊向两侧翘起；而前落除了前厅为双翘式燕尾脊，两侧边房与厢房（东厅）则连为两坡屋面，燕尾脊朝向正面，迎面而立，如同老虎利爪，俗称"虎下山"。此类建筑风格在同安平原地区极其少见，只有在偏远山区的村落如白交祠等村才有。褒美村进士第又称"上邦进士第"，是清道光年间武进士叶绍庚、叶绍飚兄弟的故居。为二落大厝带单列护厝，总面宽17.5米，通进深19米。前落门楣上有灰塑"进士第"匾额，屋脊两端有灰瓦"狮头"雕饰。叶绍庚为清道光八年（1828年）戊子科武举人，道光九年（1829年）己丑科联捷武进士，历任安海、澎湖都司；叶绍飚为道光十五年（1835年）乙未科武举人，道光十六年（1836年）丙申科联捷武进士。

　　旧时古坑村不单练武盛行，而且文风颇盛。在旧县志"书斋"中就有记述：（1）励轩，在泽芦保古坑乡，叶可南课子书斋。（2）蓉屏书斋，在泽芦保古坑乡，副贡叶钟瑛别业。据了解，励轩原为叶若渊之孙叶嘉会的祖祠，后来为了培养子女，辟为书塾，取名"励轩"。旧志"清封赠"条记述：叶可南，道光间以子功，赠四品太封君、都骑尉。上文所述的武进士叶舒青，官至都司，南征尽节，世袭云骑尉。都骑尉为勋衔，级别在云骑尉之上，二人的品秩封号相符。由此可知叶可南、叶舒青是父子关系。也就是这间励轩，在100多年前的风云际会中，承载着各种传奇经历。"文革"时，励轩古屋尚在，旁有一列平屋。据传是当年学子们课余练武之所，俗称"武馆"，而村间还可见到散落的练武用的"石锁"，足见当年文武兼修的氛围。这也是为何此地涌现如此之多的武进士、武举人的缘故。

据称，励轩的主人叶嘉会传衍九子，当地有"九子六进士"之说。前几年在探访励轩时曾采访村中耆老，包括时已90余岁的叶江淮老人，回忆起新中国成立初期，立于励轩厅中祖龛的神主牌，还有长子简齐，二子惠畴，三子永言，五子足斋；并记得永言的孙子是叶春晖，足

褒美村上邦"进士第"门匾

褒美村上邦"进士第"

一、传统村落

斋的孙子为叶定国,二人即前文所述的武进士,皆为若渊、嘉会后裔。叶江淮老人还回忆,在1958年公社化期间,当时政府提倡"五献",他便将先人叶定国所穿的铜盔甲交至大队部,经过一级上缴一级,后来下落不明,令人扼腕。而叶舒青南征番夷时挂先锋印,阵亡时首身分家,皇帝钦赐"金头壳"后人葬。近期采访80余岁的叶火烈老人,他回想儿时励轩门上确有"九士堂"匾额(现为"九思堂")。现居褒美的若渊派后裔叶宝国也介绍,褒美上邦自然村的武进士叶绍庚、叶绍飚两兄弟和汀溪库区窑内村的光绪乙未科(1895年)武进士叶国器,三人皆是若渊派下。由此可见"九士堂"绝非空穴来风。说到叶国器,还有一段故事。叶国器俗名叶玉老,是当地的名人,不仅是清王朝最后一科武考进士,而且还演绎出褒美进士芋的典故由来。叶国器也是在励轩武馆习武,出自泉州府南安的黄培松也曾受到古坑一位武进士的指点传授。两人皆武技超群,步法娴熟,为同科武进士。黄培松还成为满清王朝最后一次武考殿试的钦点武状元,其功成名就后,在厦门鹭江畔修建了气派非凡的"江夏堂黄氏祖祠"。

　　在文科科举方面,古坑村也是可圈可点。《同安县志》"选举"记载:道光元年(1821年)辛巳科,叶翼飞,任国子监学录,掌教双溪、轮山书院。其子叶钟瑛中咸丰己未科(1859年)副贡,掌教双溪、轮山、舫山、禾山各书院。叶钟瑛幼承家学,弱冠名噪郡庠。乡试时闱中已定魁选,以五策有伤时语,抑置副榜。自知得失有命,绝意进取。广交名流,纵情山水,专以栽培后进为职志。同治间,县令白冠玉慕其才学,聘主轮山书院,门下士多所造就。在县志中录其诗文数首,入传"文苑"。其子懋祺,邑廪生。

　　叶翼飞故居,在古坑村后坑自然村,无门牌号。坐西北向东南,现存建筑为二落式、双边护古厝,埕侧有一残存旗杆石。据叶翼飞第七世孙叶节约介绍,原双边护旁还有双边棋盘厝,现仅存北侧半间棋盘厝。在南侧棋盘厝还连接一间书房,即上述所记的蓉屏书斋,为叶

"槐市蜚声"木匾

古坑村叶翼飞故居

钟瑛别业。因近代子孙繁衍,人口增多,已拆建改为楼房。原前落厅堂悬挂"文魁"匾,后落厅上也挂有三块匾。采访中,在废弃的猪圈里发现一木匾,引首字为:"经筵讲官兵部尚书管理国子监事加三级特登额为",中为:"槐市蜚声",下款为:"道光己酉加授京职国子监学录叶翼飞立。"此匾距今已有160多年,实为珍贵。据考证,经筵讲官为陪侍君主讲论经史之专官,清代为近侍大臣之荣宠。国子监,即古时国家学府,或称太学。国子的本义是"公卿大夫之子弟"。国子监祭酒为主官,下设司业、监丞、博士、助教、学正、学录等。府、州、县学官优异者也给予国子监学正、学录之荣典。至于"槐市",为汉代长安读书人聚会、贸易的地方,因槐树数列,故名"槐市"。后借指学宫、学舍。旧时全国各地生员赴长安学习及考试,朔望之时会于此市,各持其郡所出货物及经书在此交易,或议论槐下。由此可见,"槐市蜚声"是形容叶翼飞在生员当中因道德纯正、博古通今而受到生员的高度好评,声名远播。

一、传统村落

　　古坑村的文化名人还有叶维岩,其故居在土圳头西15号,新修的水泥村路东侧。此建筑于清道光年间(1821—1850年)建成,坐东朝西,偏南,为前后二落大厝带左右各一列伸头护厝,总面宽24.3米,通进深19.6米。大厝前院埕有卵石围砌的矮墙及石框院门。前落面阔三间11.1米,大门上悬挂"敦厚彝伦"木匾,前后落款为"署泉州府同安县正堂加三级项廷绶为"、"清道光拾六年榖旦乡宾叶维岩立",门内为中间厅堂及两侧边房。土坯隔墙,硬山顶,燕尾脊。后落面阔三间,进深7.1米,中为敞厅,两侧边房。土坯隔墙,硬山顶,燕尾脊。小院落虽日渐破败、荒废,却透露出纯朴的田园风貌和典雅的文人气息。

叶维岩旧居大门"敦厚彝伦"匾

古坑村叶维岩旧居院门

古坑村的古民居也很有特色，在本村和褒美村、路下村的许多自然村都有"碗匣厝"，也称"匣钵厝"。有关"碗匣厝"的来历，还得从汀溪窑说起。宋元时期，福建经济文化发展达到新的高度，泉州港海外贸易极为繁荣，由于外国客商对中国特有的陶瓷商品格外青睐，引发了闽南沿海陶瓷生产蓬勃兴起。同安汀溪窑由此兴盛，并发展成宋元时中国南方最重要的青瓷窑址之一。汀溪窑生产的青釉瓷器有碗盘、盏碟、杯洗、壶瓶、罐盒、砚台、鸟食罐等，产品大量通过泉州港转销国外或直销，代表性的篦点刻花纹青瓷碗深受海外欢迎，是日本茶界推崇的"珠光青瓷"的主要产地。汀溪窑址作为宋元时期陶瓷手工业发展和海外贸易的历史见证，1961年被福建省人民政府公布为第一批省级文物保护单位。汀溪窑场规模很大，遗物堆积超过6万平方米，以汀溪水库大坝旁的山坡最为集中，周边相连的数座山包也都有分布。广义的汀溪大窑场除了汀溪水库库区，还包括相邻的古坑村及褒美村的寨山、土圳头山、路岭、章厝等地。这些古窑址保留下来的遗物中包含着大量的废弃匣钵，由于装烧瓷碗的匣钵窑具是以黏土制成，并历经窑内高温多次烘烤，其坚硬度胜过普通砖瓦，是抗风雨、耐腐蚀的良好建筑材料，因此常被窑址附近的村民利用来建造房舍。"碗匣厝"

古坑村"碗匣厝"

一、传统村落

汀溪宋代窑址

大都兴建于清末民初，主要装饰于古厝正面墙体，与白石墙裙、红砖墙堵相互衬托，形成了古朴风貌的窑区乡土民居，历经百年而至今风姿依旧。

文/图：许耿瀚、郑东

古坑村章厝宋代窑址遗物堆积

古镇换新颜
——同安区汀溪镇洪坑村

  洪坑村是汀溪镇镇政府驻地，隶属于隘头行政村，村庄坐落于汀溪东岸地势平坦之处。向西不到一公里就是风景优美的洋麻山森林公园，北面有著名的大溪温泉，温泉水温常年在65℃以上，出水量达3000吨/天。村西就是汀溪流淌而过，水源丰富，两岸土地肥沃，灌溉便利。洪坑村依山傍水，一派田园风光，这是洪坑最引人流连之处。洪坑村原住民多已迁出，或新建房子于村的外围。村内的房子多空置，或出租给外来打工者。

  长期以来，由于缺乏科学规划，村庄内部建筑问题复杂。农民自建房缺乏规范指引，布局散乱，质量参差不齐。原住居民大量外迁，导致村内

洪坑村汀溪风光

一、传统村落

村内的传统民居

原有房舍不能得到妥善维护保养，年久失修的建筑更显破败，而随处可见任意搭建的临时建筑及破旧的废弃建筑，严重影响了村庄的整体风貌。公共服务及基础设施建设也不完善，服务设施仅有传统宗庙及沿街商业点。村内没有排水沟渠，加之村中道路多为泥土铺筑，遇有大雨便成水乡泥泽，造成居民出行不便。村庄内部缺乏集中的公共绿地及娱乐休闲用地，村庄居民生活质量得不到提高。村内道路交通系统混乱，不成体系，无法适应洪坑村发展的需要。

不过，随着汀溪镇在2005年1月被国家发改委选定为全国首批小城镇建设试点单位；2009年9月，被厦门市政府确定为全市第一个新城镇建设试点单位；2010年2月，福建省出台《关于开展小城镇综合改革建设试点的实施意见》，汀溪又成为全省首批小城镇综合改革建设试点单位。洪坑村乘着试点建设的东风，开始迈出前进的步伐。2009年以来，市、区有关部门和厦门大学、华侨大学等高校组织了数次实地考察和调研工作，同时制订了一些初步的规划方案。2014年7月，经同安区委、区政府研究通过，

厦门传统村落

《同安区汀溪"百姓富，生态美"试点镇实施方案》正式发布，汀溪镇成为同安区"百姓富，生态美"行动的"排头兵"，先行先试。洪坑村的规划改造开始加速。

规划中的洪坑村，包括传统风貌村落区、滨水娱乐旅游区、古树风貌景观区等几大片区，分别营造出不同的空间景观氛围，其中传统风貌村落区以传统风貌建筑为核心。通过硬地铺砌步行街，创建纵横双向条形空间，敞开原本狭窄私密的传统巷道空间，完整重现传统聚落风貌。此外通过铺地样式的变化、植物的点缀、景观和广场的设置以及民间传统艺术表演，活跃整个传统风貌区的空间气氛。

滨水娱乐旅游区汀溪一侧水岸修整成生态草坡与抛石护岸，搭配临水平台、滨水步行道串接其间，塑造出自然、多变的水岸空间形式。村内沿溪可以建农家乐、咖啡馆及休闲广场，借前方溪流美景，辅以水畔森林背景，必将成为休闲放松的好去处。

古树风貌景区主要围绕村内的四棵百年古树展开，并设有本村的南入口。南入口广场的设计融入村落文化要素，舒适惬意的广场空间使人们驻足小憩，产生共鸣。植物配置方面，以多种榕属植物的不同生长特性，辅以龙眼树、凤凰树、杧果树、龙舌兰、绿萝等植物，或孤植，或列植，或与其他植物丛植，或整形修剪，结合景观规划示意图，形成视觉的连续性和景观的协调性，芳草鲜美、落英缤纷的景象令人犹入桃园寻梦。

乘着"百姓富，生态美"活动的东风，借着小镇建设的不断深入的势头，一个面貌一新的洪坑村中将呈现于眼前。

文/图：王蒙

一、传统村落

半岭古道五里林段

古道之侧好风光

——同安区汀溪镇前格村

　　前格村位于同安西北部,汀溪水库北面的山区,辖五里林、山东、山东仔、前格、寨仔垄、大垄尾6个自然村,4个村民小组,近200户居民,人口近600人。现在是厦门有名的旅游胜地。

　　前格村的五里林村旁不远就是古道,这条古道是同安现存最为完整的古道遗迹,建成于宋代,是宋元、明清时期同安通往北面内地的主要通道,也是同安县城经汀溪、古坑、西源、半岭,翻越东岭往安溪东南部龙门和南安西部翔云一带的唯一道路。现存古道的上端在半岭自然村界内,有数段古道保留下来。这些古道长度在20~30米不等,古道旁建有古厝、客栈等房舍,古道下端在前格村五里林北边300米二十四阶下。旧时五里林因处于古道旁,受惠于往来客商,也很富有,村里曾开有数家客栈、小食肆。

半岭村至五里林的古道遗迹保存较好，长达 2.5 公里，古道由不规则、石面光滑的石块铺设成石阶和小道，宽 1~1.5 米，坡度较平缓，局部石阶衔接。半岭古道是古同安通向北部安溪、南安山区的主要商旅古道，通过古道运送进山的是粮食、食盐、日用杂货、海产等，由山区运往同安的是茶叶、土纸、粽叶、竹器、草席等。由于运送货物常常借助驴、骡等牲畜驮运，翻山越岭，因此被称为古代同安的"茶马古道"。

古道作为古代厦门通往安溪的重要商旅道路之一，又是福建东南沿海与内陆山区来往的"茶马古道"，在公路修进同安山区之前一直是同安、安溪和南安百姓日常及商贸往来的首选道路，使用到 20 世纪 30 年代。由于长年仍在使用并维护，因此保留较为完整。其线路较长，古代两旁山景优美，现在已成为前格村重要的乡村旅游项目之一。

除了古道，前格村境内还有两座古代山寨遗址，这两座山寨都是在第三次全国文物普查中发现，并被登记为文物点的。因为位置较偏远，似乎还没得到相应的保护和开发利用。

其一是大垄尾山寨址，位于大垄尾自然村东北 800 米大垄尾山顶。海拔高度约 260 米。寨墙围绕山顶用不规则石块砌建，平面呈圆形，直径

大垄尾山寨址

一、传统村落

35 米。整体保存较好，无寨门，西南侧有小石阶进入寨内。寨墙下宽上窄，由下向上收分，下部厚约 3.2~4 米，墙顶厚 1.8~2 米，墙顶外侧有走马墙。北部和东北部山坡较缓，寨墙较高，达 4.3~4.8 米。东北部墙体中有二处内大外小呈方斗形的小型射击孔，孔径较小，两孔相距 10 米，射击孔旁有踏石登墙顶。东部寨墙依托巨石砌墙，西南部和南部坡度较陡，寨墙残高 1~1.5 米。因为在山顶，站在寨墙上，四周风景尽收眼底。若能在道路交通、休憩设施上有所开发建设，必将成为度假放松的好去处。

其二是寨仔垄山寨址，位于寨仔垄自然村东北 800 米，海拔约 250 米。寨墙以不规则石块围绕山顶砌建，平面呈椭圆形，南北长约 30 米，东西宽约 26 米。寨墙南部开设有小门，门残高 1~1.2 米，宽 1.2~1.3 米，门洞厚达 4.1 米。门前有倒塌的门梁石板，其上有门臼孔。寨墙北部有一大型的射击孔，呈外小内大方斗形，内高 1.6 米，宽 1.2 米。寨墙由下向上收分，墙基宽 3.5~4.5 米，高 1.5~3 米，墙顶宽 2 米，为走马道，外有女墙，北部墙体高 3 米多，南部较矮 2 米多。寨址内原有房屋，现在还能看到残存的夯土残垣，第三次文物普查时还采集到清代青花碗瓷片。寨门设在寨墙南部，可能是因为距寨仔垄居住点较近，便于村民逃入寨内躲避。

寨仔垄山寨址

不仅有古道、古寨址这些人文景观，前格村的自然美景也是数不胜数。首先是村里的石尾坑峡谷，峡谷长约2公里，谷内两侧山石如刀削斧劈，谷中山泉潺潺，借着山势形成瀑布飞流直下，到处都是郁郁葱葱的林木花草，令人流连忘返。峡谷入口处还有一座建于20世纪70年代的高架引水渠，从前格溪引水到石尾坑发电站，长20余米，颇为壮观。水渠旁还有一块风动石，据说起风之时，便会随风而动，发出阵阵轰鸣。

峡谷美景引人入胜，据说现在村里正在以峡谷为核心之一，规划森林公园，衷心希望这个森林公园能够早日建成对大众开放。

其次，便是梯田里的油菜花海了。前格村地处山地，农田多为梯田，而前格村的油菜种植不是集中成片栽种，而是村民一家一户自行种植。每到油菜花开的时节，不同生长阶段的油菜分布于高低错落的环形梯田中，山风吹来，油菜随风而动，一如海上的波浪。村民特意扎制的稻草人点缀其间，一股浓浓的田园气息由此荡漾开来。

另外还有前格村村口的"怪坡"，村子周围的桑园、果园、可供垂钓的池塘等引人流连的休闲地点。村里现在在酝酿规划"百亩花海"，不光种植油菜花，还要引种大片薰衣草。油菜花与薰衣草春秋呼应，必将成为前格村的一大亮点。

前格村在发展旅游业上下了大功夫，收效也十分显著。而富裕起来的前格村百姓也很注重自身素质修养，村里于2010年开始，共投资55万余元，建设村公共活动场所。活动场所占地面积228平方米，总建筑面积591平方米。主要功能包括老人活动中心、文化活动中心、党员活动中心等。同时，前格村的村容环境得到游客的一致好评，村里房前屋后整洁，村道每天专人打扫，看到路上有杂物，村民都会自觉清理。村里的大小事务，村民们也都积极参与，人人都为村子的发展贡献自己的力量。

正是因为全村的共同努力，前格村在2009年、2010年、2011年连续三届获评"省级文明村镇"称号。2014年，进入"2012—2014年福建省文明村镇"推荐名单。

文/图：王蒙

云头村古民居建筑群

武举人之乡

——翔安区新圩镇云头村

云头村，位于新圩镇北部，距镇区约 2 公里，辖区面积 2197 亩，常住人口 1820 人。现有云头、温溪、同光、曾坝洋 4 个自然村、8 个村民小组，共 517 户。

2015 年，首批福建省级传统村落名录公布，新圩镇云头村被福建省住房和城乡建设厅、福建省文化厅、福建省财政厅认定为首批省级传统村落的村落之一。

云头山清水秀，风光秀丽。东倚印斗，西瞻莲花，南凭钟山而绵亘，北沿云溪以潆洄，纡玉带而固金汤。云头始祖观福公于明初洪武年间自马巷侯亭而肇基于此；历经六百余载，据传始祖观福公，行经此处时赤日炎热，见一山形如印斗，头顶祥云一片，遮住烈日，问一过路人，方知此山为印斗山；因有祥云遮头，取名为云头。云头村居民皆姓陈、追溯其根源

百年芒果树

慈济宫

一、传统村落

凤仪宫

乃从河南迁移至此，故其陈氏族谱堂号为颖川。

云头村历史厚重，人文传统久远，村内至今还保存着古建筑99座、百年古井18把（米）和樟王爷树、百年芒果树等。

陈氏宗祠

云头陈氏宗祠址在厦门市翔安区新圩镇云头村东面。郡望堂号：颖川衍派。昭穆辈序：云头陈氏从四世起以《千字文》中每句精拈一字为辈序："天宇日辰来藏成阳云为金玉剑称珍重河翔人师制乃让有民周道平育伏体宾竹白化及身常惟岂贞良知得谈长信器墨赞景克德端声听"（暂定五十六字）。

宗祠始建于明正德年间，清代曾有过修葺，1945年重修。沧桑易变，风雨凌侵，而至丹臒斑剥、倾圮堪虞。为使先灵栖身有所，便于子孙后裔四时祭祀及海内外宗亲寻根谒祖，丁亥年（2007年）农历五月十三日动工重建，翌年而藏事，建筑面积203平方米，石木结构。

陈氏宗祠曾为地方学塾，两进三开间，坐东朝西，属闽南传统建筑，木构梁架硬山式建筑，屋面为红瓦顶，屋脊为燕尾脊。

厦门文史丛书
厦｜门｜传｜统｜村｜落

陈氏宗祠

重建后的陈氏宗祠

一、传统村落

古建筑群

云头现有古民居四十六座，至今保存完好，自古享有"有云头富，没有云头厝"的美誉。最具代表性的一座是前中后三落大厝。双边护龙，内有古井一口，中后落有横向大天井两个，铺设石板，共九十九副门窗，可容纳100多人居住。

古建筑群改造前后

陈氏武举人故居群位于新圩云头村中部，建于清嘉庆时期，其后多次修缮，现状为2013年所整修。该建筑群共四座，属闽南传统建筑。欣赏古厝红砖文化，一砖一瓦都很美丽；走进武举人家，一厅一房都是学问。站在院子里，静静地听红瓦厝的呼吸，是那么寓意深刻又令人感动。

　　饮水思源——百年古井。陈氏祖先以智慧、毅力、克服困难，凿地而取水，后人用绳绑桶下井取水必需拉绳索18次方能上井，故有18把古井之称（以人的双手臂张开为1米）。

　　石敢当古厝。在云头村中的闽南式建筑此古厝最为突出，其建造的风格是以石头、混凝土搭配瓦片建造而成，并在巷口立碑"石敢当"，用以镇宅驱邪。

武举人故居

一、传统村落

陈氏武举人故居群

石敢当古厝

英才辈出

云头村以武举人闻名。据悉,在清朝,云头村出了两位武举人:清嘉庆十五年(1810年)武举第八名陈国兴,清同治九年(1870年)武举第六名陈河成。走进陈国兴的故居,里面有一间老书房。据说祖祖辈辈,老人们常带儿孙来这里祈福,祈求考试高中。后来这里成了私塾。如今,修缮过的古民居仍然是村民读书练字的场所。村里的退休老教师、大学生村官、志愿者们也常常在这里为孩子讲授传统国学,传承为孝之道。武举人故居见证了云头村的发展历史。

武举人深受后人敬仰,武举人故居成为宝贵的文化遗产。云头村成立的云头书院，成为全市首个落户的社区书院。村民们茶余饭后，经常聚集在书院和故居中听课、读书、写字，孩子们在这里感受传统文化的熏陶。"武举人功夫墙"、"百年榨糖工艺墙"、"相夫教子墙"……社区书院的"讲古"、诵读，村里一面面的"文化墙"，留住了乡愁，让年轻人、寻根谒祖的离乡人，找到了历史脉络，感受到云头村丰富的人文内涵，得到武举人精神的滋养和文化的传承。

人中翘楚书房祖

书房祖，名愈，号世荣，是云头始祖观福公十一世孙，兄弟五人居第四，传三子，长子曰权，号德衡，次子曰仲，三子曰琦，兄弟三人峥嵘俱有。

书房祖一生擅长商贾，勤劳淳朴，风餐露宿，栉风沐雨。他择仁交友，以诚待人，以毅处事。妻某氏，事公婆以孝，处妯娌以和，纺纱织布，持家勤俭，咽糠配水成佳话，千秋万代美名传。夫妇两人相濡以沫，同甘共苦，至今广为流传。

据传说，书房祖每天往泉州买纱，他一出门，家里烟囱就开始冒烟，三个嫂子看在眼里，急在心里，以为小婶子又在自己烹调，就向书房祖说："你每天起早摸黑，起三更睡半夜，一天见两次星，她在家里烹炒料理吃，何苦如此操劳。"有一次，书房祖又往泉州买纱，刚走到村外，回头一看，自家烟囱果然又冒出烟来，他放下扁担，立刻返身回来想探个究竟。妻子一看他回来，赶紧盖上锅盖，双手紧紧捂住，书房祖拉开她的手，先开锅盖一看，锅里竟是米糠，灶台上还盛满着一碗白开水。他恍然大悟，是嫂子不明真相，错怪了她。原来煮的米饭全给书房祖路上作点心，她自己炒米糠配开水过三餐。书房祖重视教育，牢记"永志不忘忠孝，励志勤奋耕读"祖训，请师设塾，教授知识。子孙后代人才辈出，个个才华横溢。

云头村地杰人灵，近现代同样人才辈出，如商界巨擘、爱国华侨陈珍良；水利系高级工程师陈鸿钧。据不完全统计，小小一个村落，目前拥有硕士、博士、博士后七人，取得处级以上职位者六人。

今天，在开展"美丽厦门，典范翔安"建设的背景下，云头村被定位为乡村旅游重点，建设云头富美乡村试点计划，正在逐步实施。云头村我家菜园、古民居游等富民项目给村庄带来美好的前景，古老的云头村正焕发出新的生机。

文/图：洪旗寅

一、传统村落

名扬八闽之榜首

——翔安区新店镇吕塘村

吕塘村,宋代建村,乾隆间命名为"蓬莱村"。新中国成立后的第四年(1952年),因原坐落于清代遭鼠疫灾难废村的"吕厝村"至"塘边村"两村之间,故以冠头两字,更名为"吕塘村"。吕塘村位于翔安区东南部,坐落在省级香山风景名胜区内,翔安九溪这条母亲河拥抱着吕塘七个自然村。它以"古戏、古松、古厝"三宝入选"福建省十大美丽乡村"榜首,名扬八闽。

吕塘村传统文化印迹众多,村里有许多精美的明清闽南风格古建筑,朴实厚重,色彩斑斓,砖雕石刻、牌匾楹联,积淀着先人的智慧,同时也记载了闽南地区古村落发展的历史。这些红瓦白墙、燕尾翘脊的古厝,相当部分是20世纪60年代的产物,为闽南传统的"九架厝",它们一排排依山而建,站在高处俯视山麓的古厝,古朴壮观、疏朗得体;错落有致,冬暖夏凉。在布局上,古大厝讲究中轴对称,以前后两落大厝组成的四合院为中心,中央有天井及两侧的榉头。大厝中为大厅,两侧厢房,后落较前

吕塘村古厝(1)

吕塘村古厝（2）

落略高且深。较大规模的古厝还在大厝两侧加盖一列或两列护龙厝，厝与厝之间通过一条条窄长的小巷有序地连接起来，实现座座相通，似乎在传承生生不息的文脉。这些在岁月打磨中显得老旧的闽南古建特色"九架厝"，寓变于东南沿海的自然地理环境和风土人情之中。这种古厝通风透气，除潮凉快，所以上了年纪的老人还是喜欢居住在"九架厝"里。"九架厝"的基本布局大同小异，有的单进式，有的二进式，有的三进式。建筑面积颇大，均有160平方米以上，屋顶铺红瓦，正脊中间凹陷，尾部尖细开叉呈燕尾式的造型，高扬翘起的脊尖有轻灵飞动之势。

如今，在美丽乡村吕塘的乡土上，最让人赏心悦目的不是什么高楼大厦，而是那些红砖古厝。那最具有代表意义的百座红砖农家瓦舍依然朴实，执着固守，为我们敞开着一扇扇充满温暖而疏远记忆的大门。远眺这些红砖古厝，最吸引眼球的除了屋顶的燕尾脊，便是红砖墙体的立面；近看古厝镜面红砖墙面刻意组砌与镶嵌着各种样式的图案，像一册娓娓述说从前的古卷，浓缩了翔安人坚韧、开朗、豁达的性格。丰富多彩的古厝建筑表达了聚居百姓向往未来美好生活的祈愿，酝酿并形成了红砖文化深沉而独特的底蕴。

吕塘人在闽南典型的农村生活中，安稳的人口居住村落、百世后裔教育、历代宗庙兴建三位一体的生活模式，早已深远地思考着如何繁衍家族，

一、传统村落

和谐共存。吕塘古厝民居是闽南传统建筑艺术宝库中的精彩组成部分，以鲜明的个性诠释闽南古建筑的风貌特征与人文习俗，是厦门建筑文化的重要载体。

吕塘村的文化积淀深厚，由吕塘村梨园世家创办的翔安吕塘民间戏曲学校，是目前福建省唯一的民办民间戏曲特色学校，高甲戏、歌仔戏、南音是这里的特色。也是目前福建省唯一的民办民间戏曲特色学校，成为厦门市文化遗产保护传承基地。该戏校以"乡土、乡音、乡戏、乡情"为主题，先后十次组团前往金门县进行文化交流演出，成为厦门—金门"两门"文化交流最为常态化的项目。1995年，戏校从闽南金三角之农村较为贫困的人家里挑选一些有兴趣又有潜力的孩子，免费教学文化知识和戏曲演艺，使世代传承的非物质文化遗产得以薪火相传。

吕塘的古松成了吕塘村的代名词。低矮的山冈上，棵棵参天大树傲然挺立，显得沧桑而坚毅，亦有一种别样的风韵。吕塘村洪氏族谱有载，该片古松林早在明朝洪武年间就有了，至今已有600多年的历史了。

这片古松林为闽南地区松树龄最长、树径最大、分布最集中、占地最广的古老小森林区。它占地近百亩，现存260多棵参差不齐的古松柏，大部分树高数丈，最高的达到15米。多数直径1米，最大有1.5米。如今的松柏林区是人们游玩歇息的好去处，古松林、古榕群，曲径通幽。村民们在这西南方向荐选一棵树龄300多年、神形俱佳的古松作为吕塘的"迎客松"。

还有生长在小山谷里的近百棵古榕树簇拥成林，树冠如一把巨伞，遮天蔽日。如今的古松林、古榕群已经成了人们回归自然、游玩休闲的好去处，游客到来，宛如置身世外桃源，流连忘返。

吕塘的美并不"刻意"，它靠翔安母亲河九溪的佑泽，在距海不到3公里的香山脚下，平铺一幅美丽的自然人文山水画卷。黄、白、红、绿四色，是这幅画卷上的主色调，其中，吕塘行政村辖域内的西林、尾头下、林边、后树自然村保留下来的完整闽南古厝，正是黄、白、红三色共同勾兑出来的美丽"要素"。

这几年，随着吕塘村民的荷包渐鼓，很多人都在村外围建起了新房子，这些古厝已经很少有人居住。只有一些上了年纪与世无争的老者，仍旧守着这方"净土"。时而从屋角探出的绿枝，躺在门槛上晒太阳的懒猫，怀抱孙子的阿婆，在一起泡茶聊天的三两阿公，使人感受到一股温馨古朴的乡土气息，让人仿佛回到了当时那个年代。

斗转星移，沧海桑田。2007年，吕塘村被列为旧村改造新村建设重点村，该村对村内的危旧房屋进行了修旧如旧，并对全村的生态环境进行了配套建设，现至今整个村庄旧貌变新颜。

文/图：洪水乾

翔安清代建筑材料市场
——翔安区马巷镇亭洋村

晋太康三年（282年），中央政府设同安县，属晋郡。后并入南安县。唐贞观十九年（803年），拆南安县西南部，置大同场。五代长兴四年（933年），升格为同安县。翔安区现行行政区域为早年的同安县的翔风、民安和同禾三里，至今已有1720多年的历史。据《马巷厅志》载，马巷厅治广三十二里，其辖区所在地马巷镇马巷街，名列闽南四大古镇之一。

闽南文化是中国传统文化的重要组成部分，闽南建筑是闽南文化的重要内容，精美绝伦的建筑技艺系统地体现在闽南红砖建筑体系当中，成为中国建筑史上的奇葩。这些建筑风格和建筑特点，在亭洋村的宗庙和民居建筑都有鲜明的体现。

明清时期亭洋村古民居建筑，沿袭中原汉族古民居建筑的风格特征：（1）四合院式住宅布局，主次分明，左右对称。（2）建筑用材以木材与砖石混合为主。（3）装修装饰式样独特，具体体现是屋顶为凹曲屋面，屋脊为燕尾脊或马鞍脊。（4）建筑色配以"五行"而着五色。由于受到外来文化的影响，近现代的闽南红砖建筑在建筑材料、建筑形式上也兼具海外的风格。民国至现代，普通的民居依然具有传统古民居建筑的风格特征，尤其是典型的"大九架三落、大六路"古厝。这些古民居建筑风格特征，与古代由中原南迁的汉族官宦人家和贵族大姓有着直接关系。闽南建筑布局特点强调多层次进深，功能区分明确，前后左右有机衔接，结构布局均为四柱三开间，或六柱五开间。厅堂、天井、房间、檐廊连为一体，左右对称，形成以厅堂为中轴线、以天井为中心的建筑格局。

闽南古建筑门前一般都铺设宽敞的红砖埕或石埕，前厅入户大门与墙

一、传统村落

面呈"凹"形居多,称"凹寿"或"塌寿"。平开两门或四门,有的两侧有小边门。入门处有下厅,左右建有两间下房。天井两侧有廊道,或建有榉头。走过天井,踏上石阶及砗石即到厅堂,厅堂左右各有大房。其后有后寿堂及两侧主人起居住房。两侧辟有巷头门,可通厝外或护厝。前中落上下有四个巷头门,称"四抽巷"。规模完整的"大九架三落"大厝出后厅复有天井,两侧有走廊或厢房,后面建有一排平屋做厨房或储藏间。主屋两侧建有单护厝、双护厝,或多护厝。从主体建筑边门有廊道通护厝中间小厅,其余房间亦为住房,一般辈分高、年长者居正房,辈分低或年少者居护厝。护厝房间前仍有走廊,有的还辟有小天井,使整座建筑连成一体,这样更加方便"衣、食、住、行"的功能需要。屋脊为曲线燕尾脊,脊上多用剪瓷粘贴各种人物与动物雕塑等,色彩颇为鲜艳与夸张。屋顶铺盖红瓦,硬山式与歇山式居多,护厝多为马鞍式脊,下厅、厢房、护厝的屋顶相比主体建筑略低。

  这些古建筑以木料和砖、石混合为主体结构。木制斗拱梁架,抬梁式、

马巷镇亭洋村古厝

马巷镇亭洋村红砖建筑

穿斗式或穿斗抬梁混合式,以杉木居多。砖瓦选取本地红土烧制的产品,石材为各种花岗岩。柱、梁、枋、檩、椽等木质构件皆用榫卯结构,以承载屋顶。厅堂与房间之间的隔墙,用木板或用砖块砌筑,有的则用芦苇或竹片编织而成,外面再涂上灰泥即成墙体。

建筑室内地面一般铺设正方形红色地板砖,厅前走廊边沿铺设大规格的条石。天井亦铺设条石,并修建有排水的地下涵沟。涵沟做成弯曲状而不做成直流状排水,因为闽南风俗认为直流排水会泄财,弯曲排水能聚财。但弯曲的涵沟容易造成淤泥堆积与堵塞,因此有的人家在涵沟内放养乌龟,乌龟的活动能起到有效的清淤作用,使涵沟保持通畅。

亭洋村的古建筑在装饰上,明、清初期时较为简朴,清中期以后到民国时期较为繁缛。不同年代的布局与用材也有所不同,清中期至民国时期,对木、砖、石构件越来越讲究精雕细琢,样式富有变化。作为宅门的檐廊,明代少有雕饰,到了清代至民国,檐桁、月梁均予雕刻。厅堂斗拱、雀替、驼峰等木质构件亦雕刻有花卉、动物、人物等形象,横枋上楣额则装饰各

一、传统村落

种拼木图案。挑檐支承木上则有圆雕花篮，或倒吊莲花等造型。前落凹寿大门上门额嵌有主人姓氏郡望的泥塑或石雕匾额，镜面花砖以花鸟、动物或人物故事组雕装饰。厅堂上有木制格扇门，格扇分格芯和裙板两部分，均有各种图案装饰。墙裙采用细磨条石装砌，有浮雕、透雕等，图案有花鸟、人物及名人诗文题赠等。在凹寿上部用砖雕，或在花岗岩石雕刻各种戏曲人物、花卉、动物、诗文加以装饰，大门的左右放置门墩和抱鼓石，样式以鼓形、圆形、方形居多，并加以雕刻装饰。一般房子的东边留水沟，西边留狗洞，称之为"东龙西虎"。

中国自古就有祭天地、日月、山川、草木的风俗，即对自然物崇拜，这种习俗在闽南尤为盛行。闽南居民在建房时，当地俗称起"起大厝"，要请风水先生选地择向，这种习俗一直沿续至今。建筑朝向一般民宅忌正南正北、正东正西，都采用稍偏南、北、西、东方位。在翔安区的建筑当中，无论是山区还是沿海，古代民居一般是坐东北朝西南方向的建筑颇多，即"艮坤丑未"方位，这与闽南一带夏秋常刮东南季风有关系。当地人建房，一般都依山傍水，顺应灵脉而建。这种选地择向建房方式，既具有科学性，亦有地点方位性。还要根据岁次"年利"来确定方位及开工兴建的时间。施工开始"动土"之前要祭"土地公"，即用铁锹自东向西，沿宅基四周挖一圈，并在宅基的厅中位置设"土地公"灵位，上书"福德正神"。在新建房屋过程中有以下四种习俗：（1）在厨房灶壁设小神龛，贴有灶君图，以红纸书上"灶君司令"，按规定时间祭祀。（2）民宅不绘"门神"，贴护厝神符，在门顶上悬挂"八卦图"，以驱凶辟邪。（3）在周边有三岔路口的墙壁内嵌有"石敢当"石碑，镇鬼怪消灾祸。（4）宅第门窗相对，要建照墙堵隔。在施工过程中，每逢农历初二日、十六日都要犒祭"土地公"。

亭洋村古民居建筑体现了闽南地域的历史文化特色，是对优秀传统建筑的一种传承。在历史发展过程中，受到自然环境与发展需要，其中一些建筑遭受了一些不同程度的破坏，而翔安区大嶝街道田墘社区、新店镇吕塘村、马巷镇亭洋村、内厝镇曾厝村的古民居建筑是保存较完好的。这些建筑结构布局合理、严谨、精致、美观、实用。

马巷镇亭洋村历史悠久，是厦门地区古民居中年代最为久远而建筑风格最为典型的村落之一。亭洋村是厦门地区著名的侨乡，亭洋村的红砖古建筑是翔安区华侨回乡建造的民居建筑中最靓丽的一道风景，精美、古朴的韵味令人流连忘返，赞不绝口。村周边海域辽阔，自古就是翔安区海上商业贸易的发达地之一。这里有清代翔安建筑材料集散地塘厝港、贸易货栈等。

村中古民居建筑布局讲究，规划合理，朝向统一。左右有水源，前后有道路。建筑式样具有多样性，有单落五架、二落七架、三落九架、"大六路"等，又有受西洋建筑影响的中西合璧式建筑。一般主体建筑两侧有单边护厝，或双边护厝。这些红砖建筑从风格、布局、材料、装饰、楹联匾额等多方面，都反映出闽南古代传统建筑文化的特点，表现出深厚的文化积淀。

亭洋村陈金恒厝，建于民国时期，穿斗式砖木结构，硬山顶，燕尾脊，坐东朝西。前、后两落大厝，中为天井及两侧榉头，总面宽11米，通进深17.8米，占地面积约285平方米，建筑面积195.8平方米。建筑集石雕、砖雕、木雕、彩塑堆贴等多种装饰手法于一身。作为重点装饰的镜面墙，以花岗岩石雕和青斗石相互衬托，不仅表现出青、白不同颜色和质感，且纹饰运用浮雕、镂雕、阴刻、阳刻等技法，精致典雅。白底红花的砖雕花鸟图案，将建筑装点得五彩缤纷，令人眼花缭乱。墙体正面两侧的拼砖图案，利用红、褐色等色差的几何形小砖拼贴出对联、诗句八仙及人物故事等，严丝合缝，精小细微，变化无穷，达到

马巷镇亭洋村陈金恒古厝石雕刻（1）

马巷镇亭洋村陈金恒古厝石雕刻（2）

一、传统村落

出神入化境地。檐下"水车堵"有白地彩绘图案,门厅、廊道旁边白灰墙面的水墨画及彩塑人物故事图案,色彩鲜明,高低错落有致,犹如一幅展开的山水画卷,为建筑增添高雅别致的情趣。此座古厝门面两侧厢房红砖角柱上精雕楹联,内侧为"创业凭光泽,守成赖后人",外侧为"门庭多吉庆,家室永和平",它是亭洋陈氏家训,寓意先辈们留下的宝贵财富,若在我辈手中失传,将是一大憾事。

亭洋村陈剑钳、陈玉枫两兄弟厝,建于民国二十五年(1936年)。坐东朝西,南、北两组建筑并列,中为巷道相隔。巷道前、后设门,门上建小阁楼。总面宽24.2米,通进深18米,占地面积约637平方米,建筑面积414平方米。建筑装饰上大量采用绿釉琉璃的花瓶式栏杆,门面铺设产自国外的花纹瓷砖,具有浓郁的异国情调。大门上方均嵌"颖川世胄"匾额,南列大门额首女墙上泥塑一只展翅雄鹰。左右两组大厝正面砖雕楹联分别为"足游千里外,腰缠万贯来"、"教子千方欢,传家万事忍";花岗岩大门两侧的对联分别为"颖上冠山书香百世,川环带水德荫千秋","守东平王为善

马巷镇亭洋村陈钳、陈玉枫古厝

马巷镇亭洋村塘厝港

两字,遵司马公积德一端"。爱国华侨的古训语重心长,谆谆告诫后人,其风度别具一格,显现出一派滨海南国气息。

亭洋村塘厝港,深沉厚重的民居临山依水,随势而筑,粉墙照影,清雅朴素,雄浑壮美。在亭洋至赵厝之间的海岸线上,塘厝港是清代至民国时期厦门地区比较繁荣的贸易港口之一。该港口一直沿用到20世纪60—70年代。塘厝港码头主要经营红料、杉料运载生意,是将"红料"与"杉料"由漳州龙海港运至塘厝港,当地人将红砖、红瓦等俗称为"红料",将杉木称为"杉料"。商业贸易的发展,促使山侯亭陈氏沿塘厝港港湾建起了一排100多米长的经营红料、杉料、粮食等码头货栈、贸易商行。塘厝港是三面环海的港湾,涨潮时,货船能直接通过100多米长的货栈前的3米通道,在通道附近建有堆存货物的堆场,能方便货物的装卸与堆存。如今,虽历经100多年,仍有数座倚靠在一起的、保留较为完整的红砖古建筑。因此当地居民在建房材料选择上,多数采用的是红料、杉料,仅在地基上与窗台以下砌筑1米左右高的薄板蚝堆石。其余的以红砖为墙体,杉料为楼板、屋架,红瓦为屋顶,是地地道道的红砖木结构建筑。

亭洋村塘厝64号,为该村村民陈珍钦的曾祖父辈在清代所建。此建

一、传统村落

筑因当时商业贸易的需要,而建在海边凸出的滩涂上。在建房之前,都要在滩涂上以杉木为桩,打实地基。夯土造地后,再建东西走向,前有大门,后有小门,方便船只直接进出。这样紧密相连的房子,是一座集商业贸易货栈与家族聚居的封闭式独特古建筑。现保留建筑通面阔约40米,进深约25米,硬山顶,马鞍脊。前、中、后三落不留天井,这样既能方便存放货物又能防盗。除了每间之间有砌筑实墙体外,落与落之间通透,不砌隔墙,用来做堆放建筑材料的仓储室。主体建筑面阔五间,右边三间,前落二层,以杉椽和杉板为楼层隔板。底层通透,仅在最左边的一角,用隔板围起一间佝身而行的小屋,为账房。在右边二层屋顶制高点,两房间之间衔接处又加盖一间4平方米左右的小房间,四面墙体布设内大外小的方斗式射击孔,可观察琼头、下潭尾一带海域的动静,具有防御守卫功能。居中主间开间的二层比右边的二层显得低了1米左右,比左边的两个开间高2米左右,正面和右面两面墙体上布满枪眼,墙上砌有用筒瓦彻孔,既可被当作通气孔,又可以用于瞭望孔和枪眼。左边二间前、中落一层,后落二层。前落与中落通透,中间为厅堂,两侧是边房的布局,木制楼板,一层是用来加工木制品的工场。后落二层留有面积不大的天台,是提供给居住

马巷镇塘厝港清代贸易货栈

马巷镇亭洋塘厝港贸易货栈二楼筒瓦孔

者的休闲场所。此建筑是一座因地制宜，融具有地域特色的商业贸易与居住功能为一体的古建筑。陈珍钦祖辈时，客栈称"全春"，有"四季如春"之美誉。到父辈时，改栈名为"安记"，表明"五世安康"之憧憬。由此建筑规模以及其建造方式，可以想象清代时，马巷镇亭洋村塘厝港的商业贸易是何等的兴隆与繁华。

另外在塘厝港沿港湾还建了十几座蚝壳灰窑。清朝年间，马巷镇一带百姓要建房子，只要来到亭洋塘厝港，一切建筑材料都一应俱全。塘厝港的商业经营方式，为研究清代至民国时期翔安区海上交通和商业经营状况提供了可贵的实物资料。

文/图：陈海生

一、传统村落

溪流环绕、三峰拱照的传统村落
——翔安区内厝镇曾厝村

曾厝村是远近闻名的侨乡。"曾厝街"在海外享有盛名,"有曾厝富也没有曾厝厝",更让人能想象出其优美独特的村容、村貌。

村落选址于丘陵东侧水量丰富,俗称"七星潭"的池塘边。形成于明末清初,现为国内最大的侨乡之一。村落内的庙宇、宗祠、井台、榕树等具有一定象征意义的景物和人文环境成为村落的中心,红砖古民居建筑以宗祠为中心向四方有秩序地自然拓展,形成一种渐进的向心结构,构成了村落的基本格局。

曾厝村村口

村落鸟瞰图

　　古村落南北长，东西窄，路网分布较好，巷道东西走向，基本上形成不规则的网状结构。村口空间较为开阔，由大榕树以及庙形成的公共空间，加上水塘的环抱，构成典型的古村落格局。水系由北向南蜿蜒环绕于古村落东侧，水系的另一边为田地风光。村落的中心为较为宽阔的祠堂，是居民的公共空间。居民的住宅由此向四周展开，以狭窄的街巷相连。以前旧村落有墙街环护，现已损毁。整个村落向内聚合，有强烈的向心性。因此村落主要特点为聚合性和向心性。

　　村庄内保留有2个祠堂、20多棵榕树、若干古井以及些许庙宇。古建筑群连成一片，但是中间零星地散布着一些新建筑。村庄内基础设施尚可，环境良好。村子东南侧有水塘环绕，水塘之外为大量农田。村子南侧有高速公路，北侧有高速铁路，对外交通良好。古村落西侧、南侧、北侧有大量新建的别墅式建筑。

　　村庄基本风貌定格为闽南传统的红砖厝形式，村庄周边有发源于出米岩山脉的四条溪流和大片农田，远处乌营三魁山三峰拱照，周边环境优美，自然景

曾厝村卫星图

曾厝村总平面图

观保存非常完整。其中，由旅外华侨回乡兴建的三四十座连片传统红砖古厝，各具特色，制作精美，大多数保留得很完整。建造工艺为闽南传统的民居做法，是闽南传统建筑营造技艺的传承地，红砖和燕尾脊等符号特征明显，细部石、木、砖雕做工精湛，装饰华丽，为厦门具有影响力的侨乡。古民居引进东南亚细部装饰艺术，颇具特色，是中外艺术有机结合的实物见证，极具保护价值。

村落传统建筑集中于道路一侧小山冈东面，连片集中，保存较为完整。建筑年代以清末、民国时期居多，村落中间零星散布一些近现代建筑，虽然福厦高铁从村庄北部经过，但不影响原始村貌。

曾厝村村口榕树

一、传统村落

戏台

公共活动场地

街巷空间

一、传统村落

陈氏家庙（浯江衍派）

　　曾厝陈氏家庙（浯江衍派），位于翔安区内厝镇曾厝村曾厝自然村北部，建于明末，民国二十三年（1934年）重修，1984年再次重修，2000年局部修饰。建筑面积282.9平方米，占地面积约530平方米，正中为单间凹形门廊，两侧连接院墙，门廊大门上悬"陈氏家庙"匾额。院墙上有宝瓶式栏杆，正面墙面民国时期的瓷砖装饰被盗，改为镶嵌现代影雕工艺。院门为硬山顶，燕尾脊。后落大厝三开间，面阔12.3米，进深四柱13米，内高6米，抬梁式梁架，卷棚顶步廊梁枋间狮、羊、飞天等漆金高浮雕，点金柱三通四瓜七椽，雕梁画栋，极为精美。屋顶为硬山顶，燕尾脊。厅堂内寿梁上悬挂民国二十八年（1939年）"爱国贤裔"匾额，左侧堂壁上嵌有民国二十三年（1934年）《重修追远堂记》，记述追远堂改题孝思堂和始祖陈恒元自金门下坑迁居曾厝及捐资重修始末。前落院墙上一对花岗岩镂空夔龙纹圆窗，后落厅堂上高浮雕菊瓣纹石柱础和檐廊上的戏剧人物及狮兽纹漆金木雕保存完好，为清代遗物。

　　清末，曾厝村土地贫瘠，曾厝陈姓族人相继下南洋谋生，其中尤以抵达马来亚经商的居多。抗日战争时期，旅外族人积极捐款支持祖国抗日，"爱国贤裔"匾是族人爱国的物证，是时任国民党同安县党部书记、县长、驻军团长代表国民党政府，对始祖陈恒元旅居南洋族人捐献一架飞机的褒奖。

曾厝陈氏家庙（南院分支），位于翔安区内厝镇曾厝村曾厝自然村南部，建于清代，1956年重修，2003年翻修。坐西朝东，从前至后依次为院门、天井及两侧廊道、后落大厝，总面宽11米，通进深21米，建筑面积231平方米，占地面积约290平方米。正中院门为单间凹形门廊，两侧与院墙相连，院门屋顶为硬山顶，燕尾脊。后落大厝为厅堂，面阔三间11米，进深三间12.5米，梁架为抬梁式，屋顶为硬山顶，燕尾脊。厅堂内尚保留清代石柱础、斗拱梁架及檐枋等木作，厅堂南墙嵌立"南院分支重修追远堂记"石碑一方。

陈棋盘、陈棋杆兄弟，为马来亚华侨。陈棋盘、陈棋杆宅位于翔安区内厝镇曾厝村曾厝自然村北部，（浯江衍派）家庙右后方。建于清宣统二年（1910年）。建筑坐西朝东，有前后两落大厝，中间有天井及两侧小护厝，总面宽12.3米，通进深23米，建筑面积282平方米，占地面积约310

陈氏家庙（浯江衍派）内部

一、传统村落

陈氏家庙（南院分支）内部梁架

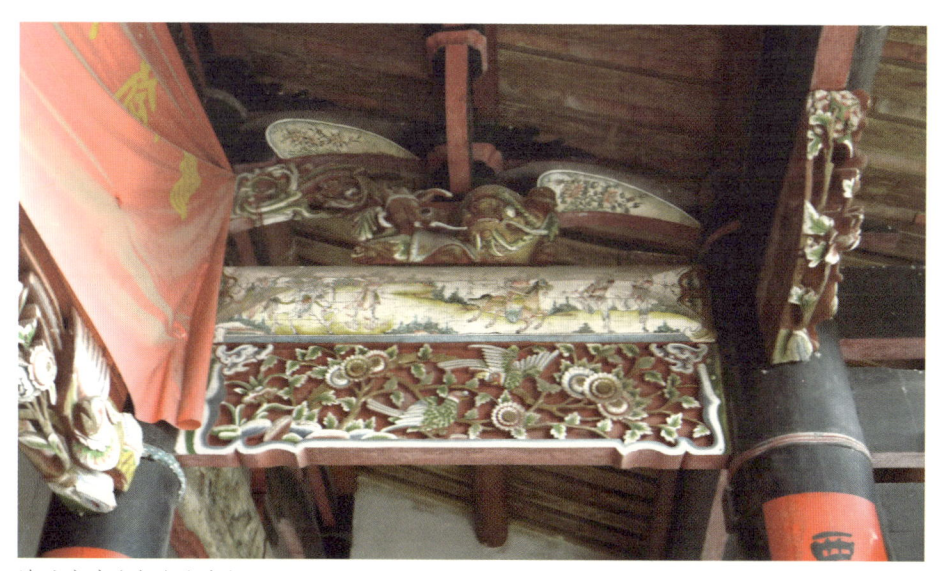

陈氏家庙（南院分支）

平方米。厝前有砖埕庭院。前落大厝面阔三间，中为塌寿及门厅，两侧为下房，梁架为抬梁式，屋顶为硬山顶，燕尾脊。后落大厝面阔三间12.3米，进深三柱11米，内高5.2米。檐廊宽大，梁架为抬梁式，屋顶为硬山顶，燕尾脊。此建筑为土木、砖石结构的闽南红砖民居，荟萃了闽南民居多种装饰手法：前落门廊两侧运用石青和酱红彩绘的"平安鼎盛"、"富贵牡丹"图案，寓意吉祥，有"庚戌年"落款；檐下"水车堵"的彩绘泥塑刘、关、张三国故事及山水、锦地花纹等，色彩鲜明。屋顶脊座上的彩色瓷片剪贴花卉，隽秀精致，五彩缤纷。后落大厝的石柱础浮雕莲荷纹，生动自然。古厝中漆金木雕运用最为广泛，如前落门廊檐枋上的龙纹替木，后落廊道檐枋上的垂莲拱、展翅飞鸟、盛开花卉、太狮少狮、瓜形坐斗。古厝内雕饰着花瓶纹、人物纹及花鸟、几何锦地纹等门扇、隔扇、笼扇、槛窗及柱头、梁座等，采用了镂雕、浮雕、圆雕、浅雕、线刻、阴刻及镂空雕刻、镶嵌等多种技法，集实用、装饰于一体，互为衬托，千变万化，构筑出富丽堂皇的居住空间。

陈期盘、陈期杆宅梁架细部

陈期盘、陈期杆宅正面

陈期盘、陈期杆宅后落

一、传统村落

陈期盘、陈期杆宅侧面

陈期盘、陈期杆宅正厅

陈期盘洋楼

陈期盘洋楼正门匾额

陈期盘洋楼，位于翔安区内厝镇曾厝村自然村中部，建于清末，坐南朝北，为四开间三层楼阁式民居（原为五层），面阔四间15米，进深一间5.1米，楼高9.1米，占地面积120平方米，建筑面积229.5平方米。一、二层正面中间为凹形门廊及门厅，门匾镌刻"云霞竞远"四字，门面墙上许多文字已毁。东侧有两间厢房，西侧有一间厢房，西侧厢房有木梯通往楼顶。三层中间为天台，两侧为护厝。屋顶为水形山尖硬山顶，属卷棚屋顶。此建筑采用的屋面形式、建筑材料及装饰技法以传统的闽南红砖民居风格为主，如传统的花岗岩石构墙裙，一、二层檐下"水车堵"的彩绘泥塑，门旁

一、传统村落

的"交趾陶"对联,二层门厅的木雕门扇及门廊上的垂莲拱、漆金木雕构件和砖雕,三层的护厝形式等。但在二、三层采用的花瓶式琉璃栏杆、二楼铺设的釉面花砖地板及楼阁式造型等方面也明显受到外来文化的影响。此建筑原为全村制高点,楼房四周布设枪孔,二层厅堂中央为活动的镂空楼板,具有较强的军事防御功能。

陈可补是民国初年的马来亚侨领,其子陈期岳为马来亚国会议员、马六甲中华总商会会长,在国共合作抗日期间立有功劳。现金门有为其所立的石碑。陈可补宅,位于翔安区内厝镇曾厝村曾厝自然村东部,建于清末。坐西朝东,从前至后有两落大厝,中央天井及两侧小护厝,总面宽 12.2 米,通进深 17 米,建筑面积 207.4 平方米,占地面积约 250 平方米。前落大厝面阔三间,中为塌寿及门厅,两侧下房,正面裙堵及两边侧墙以块石砌成,屋顶为硬山顶,燕尾脊。后落大厝面阔三间 12.2 米,进深三柱 8.6 米,内高 4.8 米。中为厅堂,两侧大房,结构采用穿斗式梁架与土砖墙夹砌,屋顶为硬山顶,燕尾脊。此建筑为闽南古厝红砖民居,正面门廊两侧为拼砖万字锦墙面,建筑风格朴素。

陈可补宅

陈思振、陈思管、陈思灵宅，位于翔安区内厝镇曾厝村曾厝自然村，门牌为126号，建于清末。坐西朝东，前后共有两落大厝，中央天井及两侧小护厝，总面宽12米，通进深21米，建筑面积252平方米，占地面积约295平方米。前落大厝面阔三间，中为塌寿及门厅，两侧下房。结构为抬梁式梁架，屋顶为硬山顶，燕尾脊。后落面阔三间12米，进深三柱11米，内高5.2米。中间厅堂，两侧大房，结构为穿斗式梁架与土砖墙夹砌，屋顶为硬山顶，燕尾脊。此建筑为土木、砖石结构的闽南红砖民居，漆金木雕门扇及梁架上漆金木雕构件极为精细，前落正面装饰最为讲究，以花岗岩和青斗石精雕细琢的"柜台脚"，转角墙裙、裙边、柱础及窗框、门臼等石构件，以高浮雕为主，雕件数量多，内容丰富。门廊两侧墙面铺设釉面瓷砖，檐下白灰墙装饰多层彩绘锦带，"水车堵"内立体的彩绘泥塑、交趾陶与平面的彩绘交相辉映，最为精彩的是以小巧的葫芦形、梭形、菱形、圆形、半圆形、蝴蝶形及各种几何形红砖拼贴装饰的正面墙堵，精细繁复。

陈思振、陈思管、陈思灵宅

一、传统村落

陈期恭、陈期底宅

陈期恭、陈期底宅，位于翔安区内厝镇曾厝村曾厝自然村，门牌为288号，陈期盘、陈期杆宅南面，坐西朝东，建于清末民初。前后共有两落大厝，中为天井，两侧榉头，南侧为护厝。建筑总面宽18米，通进深20米，建筑面积360平方米，占地面积约460平方米。前落大厝主体面阔三间11.5米，进深6米，天井进深4米。中为塌寿及下厅，

陈期恭、陈期底宅柱础

两侧下房，大门上方泥塑"浯江衍派"匾额，两侧对联为"荆树有花兄弟乐，书田无税子孙乐"。前落用花岗岩块石拼砌裙堵，清水烟炙砖墙身，身堵以彩绘图案装饰，硬山顶，燕尾脊。后落大厝面阔三间11.5米，进深三柱10米，内高5.2米。中为厅堂，两侧大房，屋顶为硬山顶，燕尾脊。子孙巷步

通保留两个大理石浮雕花卉柱础。

曾厝民间综合雕艺由曾厝村陈可巡祖父开创,并一直由其家人传承。至今已有 100 多年的历史,该综合雕艺造型接近于"彩扎",但创作方法不同。陈可巡祖父、父姓名因族谱遗失,已不可考。

新中国成立后,由该雕艺第四代传承人陈期江创作的《梅鹭图》等综合雕艺作品,曾多次获选进京参展。陈期江因技艺不凡,20 世纪 50 年代末,曾被选进厦门市工艺美术厂任职,还曾受聘任教于厦门美术院校。

在继承家族雕艺的基础上,陈期江在技术上不断创新,融雕艺、漆金、制模等多种艺术创作于一体。选材崇尚自然,以牡荆、朴树等盘虬独特的细枝为骨架,髹以正漆,粘上以石膏为主要材料,用模型压制而成的梅花和用石膏、捣熟的黑泥土等泥塑鸟雀之物,形象古拙,栩栩如生。

该雕艺第五代传承人陈添火把祖传综合雕艺继续发扬光大。以自家独特的综合雕艺结合泥塑、漆线雕、彩绘等技艺,形成别具一格、更加全面的综合雕艺。陈添火打破只传男不传女的传统工艺传承习俗,现在全家男女均从事综合雕艺,小到百姓居家供奉的十几厘米观音、土地、灶君、关公造像,大到远近宫寺家庙的各类漆金装饰和两三米高的泥塑神佛造像。漆金彩绘、泥塑漆线,精湛细腻,无不留有他精彩的技艺。

2006 年,陈添火应邀创作 74 尊"十殿阎君"雕塑作品。同年被安置在马来西亚吉隆坡的旅游景点"云顶山庄",成为该景区的一大景观。现在陈添火又在翔安内厝鸿渐山准提寺继续进行大型神佛造像的创作。

而今便捷的交通道路、具有现代气息的建筑物为这古朴的村庄添上新装。村民遵纪守法,村"两委"充分发挥领导作用,引导群众因地制宜地搞经济建设,千方百计引进侨资,投入公用事业建设。现在他们正鼓励先富农民办厂、办场,带领其他农民提高收入。通过富余劳动力的转移,全面提高农民的收入,帮助贫困

陈期江遗作

一、传统村落

户脱贫。侨资的不断引入也正为农民物质文化生活水平的提高发挥着重大作用。有了良好的物质基础，农村的社会才稳定，政府的各项政策也能顺利地得到全面贯彻。老人协会的出色活动为党和政府的政策顺利进家入户，促进农村移风易俗，净化社会风气发挥了重要作用。老人也是一把开启与海外侨亲关系的"金钥匙"。

只有积极稳妥地执行上级的农村工作精神，不断完善道路、水利、农村卫生等基础设施，提高村民的创业积极性，更有效地发挥侨资的作用，曾厝村才会走在全区奔小康的前列。来吧！曾厝村背枕着的"出米岩"等待着你来游览，而其中的"厝"也值得你一睹风采。

文/图：郑宝珍

小岛春秋

——翔安区大嶝街道小嶝村

小嶝岛位于厦门的东南海域，与大嶝岛、角屿合称"英雄三岛"，是中国大陆距离金门最近的居民岛。就是这个方圆仅 1.11 平方公里的弹丸之地，不仅拥有得天独厚的海岛风光，沐浴过理学名贤的百年教泽，见证过同安海商的昔日辉煌，还经历了近代炮战的硝烟洗礼。

1915 年，金门岛从思明县（今厦门市）析出设立金门县，管辖大、小金门，大、小嶝岛及周边岛屿。1949 年，中国人民解放军解放大嶝岛、小嶝岛及周边岛屿，设立大嶝区，由南安县代管。1971 年，大嶝人民公社划归同安县（今厦门市同安区）管辖。2004 年，大嶝岛、小嶝岛改属于厦门市翔安区辖区范围。

泉南名贤传千古

小嶝岛下辖前堡、后堡两个自然村。这个地处东南一隅的海外小岛，自古以来便远离中原的政治中心。也正因为它的偏远僻静，成为宋末一位理学明贤避世隐居的世外桃源。

在闽南沿海地区流传着一段俚语："节气丘钓矶，人品黄逸叟。文章许

丘葵祠堂外观

钟斗，武功张廷拱。"这句话高度概括了金门、同安两地的四位杰出人物。其中丘钓矶指的就是被誉为"泉南名贤"的丘葵。

　　在前堡村南部，有一座砖木结构的双落大屋，硬山顶，燕尾脊，是一座传统的闽南红砖民居，整体建筑自然古朴。走近端看，雕梁画栋，精美细腻，栩栩如生，这里便是丘葵的故居，1990年重建为邱氏祠堂（按，丘姓自清初因避孔子名讳通改作"邱"）。在宗祠厅内的正中高悬着"理学名贤"的巨匾，此匾额系明孝宗成化九年（1473年）任户部尚书、武英殿大学士的丘濬到小嶝谒祖时所立。两旁还立有楹联"功存周礼敷文德，义冠中原素秉心"，以赞颂小嶝邱氏始祖丘葵的高风亮节。

　　丘葵（1243—1332），字吉甫，号钓矶，晋江清源吾峰人。丘葵生逢宋末动荡时期，先后从师辛介甫、吴平甫、吕大奎、洪锡等人，是宋代著名理学家朱熹的四传弟子。景炎元年（1276年）十二月初八日，元军攻入泉州，泉州提举市舶司蒲寿庚正式降元。在动乱中，丘葵的恩师吕大奎因不肯降元被害，丘葵悲痛欲绝，泣作《哭吕朴卿诗》："甘为南朝鬼，不作北朝臣……"深切表达了痛失恩师的愤懑之情。亡国之辱让丘葵立誓绝不屈从于新朝，他遣长子追随抗元名将张世杰入粤勤王，而他选择以入世守节的方

一、传统村落

式来坚守南宋士子内心最后的底线。他由南安东田逃至同安五峰村,安置妻小后,独自漂洋,先至大嶝岛院兜村,隐居于秘藏院。后转居小嶝岛钟山,以南宋遗民的身份,过着耕钓自给的隐士生活。

除了现存的邱氏宗祠外,在钟山南麓还有一处丘葵隐居的遗迹——一座始建于宋的古寺,原名章法寺,因丘葵隐居在此而更名为"秘藏寺"。直到1991年,村民依原址重建,改名"隐藏寺"。现存建筑所见亭阁殿宇,飞檐翘脊,红墙绿瓦,青白石雕,尽显富丽堂皇。寺庙面朝大海,波澜浩荡;四周翠竹苍松,青翠欲滴,古榕错落,盘虬卧龙,恬静幽谧之外又不失壮阔磅礴。虽然寺庙当时的构造已经不复存在,但是漫步其中,感受着小嶝自古延留的宁静幽美,读着丘葵在《寓章法寺》中所作的诗句:"暝色入招提,昏鸦已不啼。诸僧空院出,老子独山栖。堂面无人比,天形镇日西。寂寥应不恨,吾道与时暌",仍能体会到诗人孤傲不屈的气节和安之若素的心境。

归隐的日子寂寥而清苦,丘葵却能安贫乐道。漫步在这方圆1平方公里的小岛上,不经意间就能偶遇丘葵留下的遗迹。在小嶝与角屿之间的海域,礁石密匝,潮起鱼跃,其中有一块石头传说是当年丘葵垂钓的遗

丘葵祠堂内部

址——钓鱼石，早先石上刻有"钓台之钓心，岂在鱼也"的字样。临海而望，更觉史海滔滔，人事茫茫，耳畔似乎还回响着丘葵"试问千钟禄，何如一钓筒"的自我叩问。沿海岸线往前走，在大嶝岛正对的海滩上，有一块两尺见方的巨石随波出没，即"棋局石"，早先石上镌刻有"万机分子路，一局笑颜回"，为丘葵手笔。探棋中乾坤，悟人生百味，在孤山寂水中何尝不是一种怡情悦性的乐趣？在不远的钟山南麓，有一亩一尺见方的菜地，据说是丘葵耕读的园圃，在田垄的一块大石上，丘葵自题了"乐丘"二字，并刻有"乐丘之乐，志其犹龙乎"。虽然处江湖之远，但其实他是在修身、齐家的意义上实践圣贤之学，心系民族存亡。

不求闻达的丘葵在小嶝度过了大半辈子，其间屡屡坚拒了元朝对其征召。元初，丘葵已逾古稀，元顺帝闻其贤名，先后派御史中丞马伯庸和同安县达鲁花赤来征。面对高官厚禄，丘葵不为所动，并且写下了流传百世的《却聘诗》以表其志。其中"天子来征老来臣，秀才懒下读书台……袖中一卷千秋笔，不为旁人取次裁"，字字铿锵有力，句句掷地有声，读来不禁令人赞叹这位古稀老人的铮铮风骨。此诗影响甚广，明代同安橄榄树人林

隐藏寺

一、传统村落

霍在《沧湄诗话》道："丘葵抗节不仕，却聘一诗，斧钺风霜，同中老人皆能诵之。"自此元朝近百年间，同安县几乎无人由科举而入朝堂。

元至顺四年（1333年），丘葵90岁时以宋处士终。临终时，丘葵告诫自己的弟子不要为他造坟，摒弃世间的一切虚名。据传在明成化年间，有岛民耕陇发现一处穴，内有铭一方。读之方知为丘葵自撰的墓志铭，遂拾骨封土为其筑坟。一直到1958年"宋处士邱公钓矶之墓"被发现，穴中只有几筐书籍和生铁一块，真令人不禁感叹这位超然世外的隐士的襟怀清旷。

明代的蔡献臣评价丘葵的一生是"生当颓运身终隐，志在遗经手自删"。丘葵一生著作等身，即使人近暮年，仍笔耕不辍，81岁时还作有《周礼全书序》。但《易解疑》《诗直讲》《礼记解》等著作被元吏取走而下落不明，仅有《周礼补亡》和《钓矶诗集》传世。其诗作题材广泛，内容丰富，深刻反映了宋元交替之际闽地的社会现实，揭露元军的暴行，流露出作者坚贞不屈的民族气节。

丘葵的一生是淡泊的，但两袖清风的他却留下了一笔丰厚的精神文化遗产，给这个海外小岛增添了一抹亮眼的历史文化底蕴和经久不绝的书香雅韵。

古刹香火佑平安

闽南地区地处亚热带海洋性季风气候，是自然灾害频发的地区，特别是洪涝、干旱和台风的灾害最为常见，危害也最为严重。然而在古代，人们抵抗自然灾害的能力有限，只能寻求各种超自然力量的庇佑，因而闽南地区的民间宗教十分发达。小嶝岛上的民间信仰现象可以说是闽南地区宗教文化的典型反映。

明清以来，同安城乡的宫观寺庙遍布，儒佛道三教不分。小嶝岛顺济庙至隐藏寺一线，宫庙散若珠玑，这也是小嶝岛民间信仰兴盛的体现。岛上村民的信仰属于泛神论，供奉的各种神灵都有一定的职能分工，多种宗教能够在这里和平共处，共享民间香火。

由于沿海地区土壤贫瘠，农业发展缓慢，大部分人以讨海为生。加之唐末宋元时期，福建海外贸易日渐发达，由此产生了不少航海保护神，具有化险为夷、保护航海平安的功能。这在小嶝民间信仰的神灵中也表现得最为突出。

在小嶝岛南部海滨，坐落着一座厦门地区最古老的妈祖庙，始建于元代。寺庙于1985年重建，面阔三间，深两进。它北倚钟山，南望金门。庙前方有一株古榕，枝分八叉，故又称"八仙朝古庙"。据庙碑记载，寺庙周围散落着许多传说是仙人的遗迹，东南海域中有像脚印的礁石，被人称作"妈祖印"；在西南海滩上奇石错落，人们把它们分别称作"仙人足迹"、"仙人棋盘石"和"钟鼓石"。可惜这些礁石遗迹被毁于20世纪70年代的开石筑堤。寺庙环境清幽，正如庙门上的石刻楹联写的："箕穴涌甘泉，碧波池中映日月；古榕朝圣庙，顺英桥畔听海潮。"虔诚的朝拜者在这份幽雅闲静中都能得到心灵的慰藉。而楹联中提到的"箕穴涌甘泉"，指的是在顺济庙东北角100米处的宋代古井。由于水井四周环海，上层3米的井水是淡的，下层是咸的。井后立有长方形石碑一块，碑文镌刻有"宋遗址 美人井"。相传先民定居小嶝之初，用水咸涩，名为"美人"的讨海小姑娘每逢初二日、十六日长跪于此，恳求妈祖恩赐一口甘甜水井。妈祖深受感动，托梦于美人，美人依据妈

美人井（1）

美人井（2）

一、传统村落

祖的指引，在庙后100米处刨开泥沙，果真有清泉涌出，故取名为"美人井"。这个美好动人的传说，为妈祖信仰蒙上了一层神话色彩。

小嶝岛上处处充满了奇风异景，这也滋长了村民"万物皆有灵"的观念，岛上流传至今的各种仙人传说就是最好的体现。与"美人井"相似的一处奇景，位于钓鱼石东北部的海滩上。每当落潮时，就能看见三块大石头错落有致地排成"品"字形，中间露出一个泉眼，终年活水长流，而且清冽甘甜，令人称奇，小嶝岛的村民称它为"品泉"，又叫它为仙人井。村民们运用丰富的想象力把小嶝岛上多样的奇特景观与神灵仙道联系在一起，这也是岛上民间信仰旺盛的原因之一。

跨过顺济庙西侧一座名为顺英桥的石板桥，就能直达百米开外的英灵殿。英灵殿始建于明末清初，原祀池王爷。清同治年间，增祀金门俗神苏王爷。此庙于1980年重建，面阔一间，深一进。殿前连建石柱方形亭阁，卷棚顶，火形山尖。殿内高悬一块清廷于同治三年（1864年）御赐的"仁周海澨"巨匾，周边以18条蟠龙浮雕装饰，是翔安境内保护得最为完好的清代木雕文物。殿内的东面供奉池王爷，西面供奉苏王爷。

据史料记载，苏王爷，名碧云，福建同安人，生于明天启年间，读书

英灵殿

乐道却不求入仕。其晚年迁居金门，因洞悉海道情况，海船蒙其指引，均能一帆风顺。相较普遍信仰的航海神妈祖，苏王爷是本地人，又深谙海况，在其去世后，被金门的水手奉为地方海神，甚至传到台湾奉祀。相传在闽洋行驶的兵、商船，均祀其香火，偶遭危险，一经祈愿都能化险为夷。

自古金门和小嶝是一家，就像有首歌谣唱的："小嶝金门离很近，日落举头见火薰。同祖同神又同文，来往嫁娶常通婚。"历史上两地人民关系非常密切，移民互迁，相互通婚。在金门，苏王爷的信仰崇拜相当普遍，根据杨天厚和林丽宽伉俪所著《金门寺庙巡礼》一书统计，金门有40座庙宇奉祀苏王爷，而以苏王爷为主神的就有9座。这些庙宇与小嶝英灵殿供奉的苏王爷都是以农历四月十二日为神诞日，由此形成的祭祀共同体就像一条无形的纽带，将两岸人民的命运牢牢地系在了一起，共同烙上了深深的文化印记。

而苏王爷的香火能接引至小嶝并绵延至今，源于一位叫邱大顺的小嶝海商。明清时期，由于福建对外经济贸易繁盛，同安海商的实力日渐雄厚。据史料记载，明弘治年间，同安即有三十六澳，大小嶝岛位列其一。至清乾隆年间，仅马巷厅下属的四澳（陈坑、刘五店、澳头、大小嶝），即有大小渔船369艘，是明弘治年间的4.3倍。实际上，这仅为向政府注册纳税的中小船只。不少船户已经违禁建造三帆五帆、长数十丈的大海船。大嶝船户还发明了一种特色驳船，长22.5米，宽4.87米，吃水深1.65米，最大载重达45吨，六级顺风航速达每小时10海里，被闽南各县船户、海商所采用，进行南北各埠以及对台的走私贩运。更有甚者充当"客头"，违禁私渡大陆移民入台，大小嶝岛也因此成为清朝前期海禁期间有名的走私港口。特别是同治元年（1862年），列强依据《北京条约》在厦门一港之外而设置两关，在鼓浪屿、刘五店开设"分关"稽船征税，南北各埠走私船纷纷停靠大小嶝岛以逃避关税，大小嶝岛也因此成为各地商船走私的转口集散地。百余年的走私暴利，使得大小嶝岛的海商集团的实力迅速膨胀，也正因为有了同安海商强大的实力做后盾，他们才能集资在福州港建造小嶝码头，贩运于北方各埠。其中最有名的船户当属小嶝人邱大顺，他拥有多艘商船，长期驻扎该码头营运，从事天津、烟台各埠船运，苏王爷的金身被随船供奉，常常显灵保佑船队安全往返。同治年间，邱大顺曾经两次奉诏，驾船护送清朝正使余新、副使赵光甲册封琉球国王，并四次运送漕米进京。同治三年（1864年），邱大顺蒙清廷赐御匾"仁周海澨"以及御香12支，以褒扬苏王爷保驾护航的神力。荣归故里的邱大顺即焚香悬匾，正式把苏王

一、传统村落

爷神像供祀于英灵殿中,从此苏王爷的香火就在小嶝延续下来。如今在庙内仍可以找到记载着当年这段辉煌往事的史迹,如写着"两次随封琉球,四次护运京米"的执事牌,拜亭石柱上镌刻"苏神威扬封琉球震龙府,王道昭彰护京米晋爵爷"的楹联,庙左还有村人邱德胜先生撰写的碑记。从这些史料可以看出苏王爷从人到神受到官方和民间的推崇、香火日渐旺盛的过程,更见证了同安海商昔日辉煌的历史。

在英灵殿的不远处有一株奇特的铁树,说它奇特是因为古话说"铁树开花,千年一遇",而这株有600多年树龄的铁树却年年开花,被冠以"八闽铁树王"的称号,小嶝岛民均奉其为神树。这株铁树身长五六米,虬枝盘卧,枝繁叶茂,据说是当年邱大顺奉召护送船队前往琉球册封国王时,在琉球境内发现了一株被山洪冲下来的奇特林木。邱大顺便叫水手把它抬上船,载回小嶝种植,从此铁树扎根小嶝,长势繁茂,自此也成了小嶝渔民、船员的精神象征。

如今,在前堡邱氏宗祠西北侧仍留有邱大顺的故居,硬山顶,燕尾脊,前、后两落大厝。前落西侧厢房正面墙体和翘尾脊于炮战时被炸毁,后重

八闽铁树王

新修建，原貌已改变，早已不见这位海商巨贾昔日的光鲜。商人在长期的泛海生涯中，无形中将自己的命运与海神的庇护紧紧地系在一起。他们除了在出航前到寺庙内诚心祈祷之外，在航海途中还会捎上神像或其他有关的信物，借以得到更多的精神安慰。正因为有了像邱大顺一样数以千计的勇敢的航海者，才铸就了同安海商辉煌灿烂的历史。自觉有了神灵的庇佑，商人就有了拼搏的勇气，而一次次的满载而归又助长了香火的旺盛，不得不说，小嶝的民间信仰与当地海外贸易的发展是相得益彰的。

邱大顺故居

除了顺济庙和英灵殿，丘葵曾经隐居的隐藏寺里还供奉有观音。在后堡村里，还有一些宫庙供奉其他的地方神灵，生生不息的香火延续了村民对于未来美好的愿景，共同佑护着这个小岛的和谐安宁。

炮火纷飞铸钢魂

曾经被丘葵当作避世隐逸的蕞尔小岛，几经物换星移，在近代竟然也曾遍地狼烟。20世纪50—70年代，由于对台特殊的地理位置，小嶝岛连同大嶝岛、角屿一起成为对敌斗争的最前线。

半个多世纪过去了，当年炮战的遗址犹存。在小嶝岛山冈下曾筑造过数千米的秘密坑道，至今默默地盘卧在地下，无声地诉说着那一段炮火纷飞的岁月。地道建于1963年3月，当时中苏发生珍宝岛事件，台海局势紧张，在这一国际国内形势背景下，小嶝军民开挖这条地道，故名"303"地道。"303"地道东西横贯小岛，建在地下14米的深处，宽1.2米，高约2米。地道里每隔一段距离拐一个弯，整个地道像一条卧龙在地下蜿蜒伸展，全长1200多米。除了主地道外，当时还挖了四条岔道，与三座地下室和一座暗堡相连，迂回曲折的设计使得整个地道宛如一座地下迷宫。构思巧妙的工程设施，形成了能战能藏、可攻可守、进退自如的地下长城。混凝土

一、传统村落

浇筑的穹顶、条石砌的洞壁，浑然一体，十分坚固，可以抗击对岸当时最大口径"203"重炮的直接命中轰击。除此之外，地道也是供应部队和群众生活必需品的运输通道和保护军民安全的生命通道，战时可以供部队民兵移动、群众转移、运送伤员，地道口附近地下室里有粮站、商店、供销社满足军民的生活所需。

如果说地道炮弹是制敌取胜的有形利器，那么广播宣传则是瓦解敌人的攻心丸。在当年的炮战中，广播与炮战相辅相成，是配合炮战的政治攻势，被誉为"兵神"。当年包括林毅夫在内的许多国民党官兵听了广播，受到感召，或泅水，或驾舟，毅然归来。现如今喇叭已拆除，喇叭堡还留存。喇叭堡位于小嶝东部海边的环村路旁，距金门3600米，堡高10.8米，宽8.1米，占地面积87.48平方米，堡里安装48套当时世界上最大的军事广播喇叭。整套装置用铅铝制成，每个喇叭号筒长5米，重达1吨。这些喇叭当年用登陆艇运来，由12个人逐个抬上岸。这种大喇叭有效传声距离可达12公里，这座喇叭堡的广播可以覆盖整个金门东部地

喇叭堡（1）

喇叭堡（2）

白哈礁

区，是当年我军对金门岛进行广播宣传的主要工具。

小嶝—金门海域之间有个明礁，称作"白哈礁"，由三块大礁石构成，炮战时期，白哈礁为双方侦察兵出没之地，礁岩上弹迹累累，记录了英雄三岛的炮战史。因其石色灰白状如伏兔而得名"玉兔伏波"，是小嶝十八景之一。白哈礁古名"陛下礁"，源于史载景炎元年（1276年）元兵入闽，宋少帝赵昺泛海南航，于此抛砚轻舟而得名，方言谐称"陛下礁"为"白哈礁"。而今硝烟散尽，只剩海阔天高，孤亭巍立。

现在的小嶝岛早已恢复了最初的宁静祥和，但是当年的炮战遗迹仍比比皆是，榴弹炮阵地、炮兵营房等向来者袒露着这片土地上的累累伤疤，以此昭示着后人珍爱和平，爱护国家。

如今，村子里大部分青壮年都出去赚钱了，只剩下黄发垂髫相互依守着，一派怡然自得的渔村景象。岛上人家主要靠种植紫菜和养牡蛎为生，到处晾晒的海产品成为岛上一道亮丽的风景线。同时，岛上优美的自然风光和丰富的人文历史给旅游业的兴起提供了诸多的可能，小嶝的发展方兴未艾。走在小岛上，星罗棋布的闽南红厝和现代平房交相错落着，碧海蓝天，阅水聆风，历史仿佛在这片静谧中屏住了呼吸，就像儒雅的古韵写进了现代的乐章，却越发显得和谐悠扬。

文/图：郑滢君

二、少数民族村落

沧海桑田，闽海畲族

——湖里区禾山街道钟宅村

钟宅村位于厦门岛的东部海湾，是一个拥有3000多人口，600多年历史的畲族村落，是厦门岛内唯一的少数民族村落。

厦门早年就有"一殿（前），二何（厝），三钟（宅），四莲（坂）"的说法，钟宅是厦门村落规模较大的村落，这个村的居民几乎都姓钟，都是一个家族的传人。

村头的百年大榕树见证了钟宅的变迁，细细述说着钟姓畲族的故事。钟宅是畲族在厦门的最早定居点。传说一名钟姓的畲族汉子钟泮濡从大山走出来，穿过高山平原，一路辗转来到闽南海边。他爬上高高的云顶岩，环顾四面，远望钟宅就像一朵盛开的莲花，于是一眼就认准这块象牙状的风水宝地，在这里成家立业，绵绵生息了600年。从此厦门有了"钟宅"，钟姓畲族就在这里繁衍了一代又一代。

钟宅村民几百年来靠讨海为生，厦门的民间就流传着"吃海蛎到钟宅"的俚俗，就是因为钟宅的"七耳海蛎"味道鲜美，远近闻名。海蛎是钟宅村早期的主要经济支柱，除本地销售外，还远销到广东汕头等地。后由于

村头的大榕树

2003年厦门城市发展的需要，钟宅人赖以生存的2300亩种植滩涂被全部填埋，当初的渔港已成过去。那里现在没有"天高任鸟飞，海阔凭鱼跃"的渔村景象，取而代之的是悬浮在海湾上那美丽的钟宅湾大桥，现称五缘湾大桥，大桥那美丽的圆弧倩影在阳光照耀下展示着新时代的城市气息。

  在一片钢筋水泥的高楼中，走进钟宅村，村口有古老的榕树，村中有古老的水井、磨盘、古墓、土地庙，还有那凹凸不平的石板路，在鳞次栉比的现代民居中错落点缀着南洋风情的番仔楼，更有那静静伫立的百年红砖古厝，还有沿海那些各式各样的庙宇，都用它们独特的方式，给人们展示深厚的钟宅畲族的历史人文信息。

  在钟宅村东部伫立着一幢闽南传统祠堂建筑，那就是钟宅畲族聚集活动的主要场所——钟氏祠堂"永思堂"。永思堂坐西北朝东南，大门上悬挂"钟氏祠堂"匾，是一座由前后两进主体、天井及两侧回廊组成的闽南传统建筑。祠堂前有宽阔的石埕，有旗杆石三对。祠堂始建于明代，清代重建，2003年翻修。悬山顶，抬梁式，有闽南建筑特色的燕尾脊高高翘起，直指天空。祠堂内装饰精美，在梁架、廊柱等木构件装饰有螭龙、蝙蝠、狮子、

二、少数民族村落

象、花卉等祥瑞之物。正面檐墙上饰有生动活泼的石狮子，大门口和大厅内有清代装饰螺纹、花草纹的抱鼓石和各式柱础，外墙还立有"泰山石敢当"石碑。在祠堂正中的精致木雕的神龛上，依辈分高低顺序，安放着钟泮濡等钟氏祖先的牌位。在这里，我们可以慢慢品读钟宅钟姓畲族600年发展的沧桑历史。

夹杂在众多现代多层砖混民居中，那些燕尾飞檐、红砖雕砌、高挑梁柱、精美木雕石刻的古厝老屋，无处不透露出先人对居所的重视和文化的传承，也充分展示了闽南特有的装饰手法。在村中部，有幢建于清末的建筑，前落大厝被炮弹炸毁，残存的后落硬山顶，燕尾脊，有左右厢房及左右护厝。在建筑中，我们依

永思堂檐廊下的石狮

永思堂

【237】

稀可见精美的木雕，正面隔扇透雕着象征平平安安的宝瓶图案，门楣上装饰众多圆雕狮兽、飞天雀替、人物故事透雕板，并在檐上装饰玲珑剔透的垂莲拱、灯笼拱，在中厅隔屏上方还有漆金花鸟木雕镶板和描金彩绘。正立面墙体的龟背锦、钱纹图案，夔龙纹的"柜台脚"，山尖上的泥塑山花和"财神洞"，这些闽南古厝民居的典型装饰手法，在这里得到了充分的显现。这就是菲律宾船王、华人省长钟伟廉的祖宅。钟伟廉在菲律宾经营航运生意，被称为菲律宾船王，1984—1992年当选为菲律宾西棉三米示省的省长，是菲律宾史上第一位出任地方高级行政长官的华人。

永思堂精美的木雕

钟伟廉祖宅中厅正面隔扇

二、少数民族村落

钟伟廉祖宅精美的木雕

钟伟廉祖宅人物故事透雕板

钟伟廉祖宅中厅隔屏的漆金花鸟和描金彩绘

　　一幢楼就是一个故事，就是一段历史的缩影。很多华侨下南洋后，奋力拼搏，积攒财富，从海外寄钱回家修建房屋。福寿楼就是典型代表，它是钟宅第一栋中西合璧的标志性建筑。它是在四合院的基础上设计建造的，融合了闽南红砖建筑与欧式建筑的特点，是一座坐北朝南的独具南洋风格的二层建筑。墙体底部为花岗岩，上部为红砖砌筑，廊道有古希腊陶立克式柱，楼冠有老鹰灰塑，在墙角石柱等处饰有中国式的"花开富贵"图案。

　　福寿楼记载着钟宅人的辛酸血泪的近代史。20世纪20年代，福寿楼是钟宅的中心，年轻人心里的偶像，是钟宅的标志性建筑。1938年5月，日军侵占厦门全岛，从钟宅登陆，烧毁了钟宅108间古厝，同时霸占钟宅最气派的福寿楼做司令部，开始了对钟宅的八年统治。从这一刻起，福寿楼便成为钟宅的符号。1949年10月，厦门解放，钟宅恢复了往日的安宁。1985年土改，福寿楼再次成为禾山人民公社钟宅的大队部，红卫兵在这里造反，各种机构在这里办公。现在它又回到了主人的手里，剥落的墙体、长满青苔和野草的

【239】

瓦片，满目疮痍，默默诉说着这幢番仔楼的沧桑和钟宅血泪相交的近代史。

漫步在钟宅村水泥楼房紧蹙的仄巷中，尚可见一些古厝夹杂在民居中。红砖瓦，灰白墙，燕尾脊或马鞍脊，青石框浅浮雕纤细流畅的缠枝花草，在厅堂的隔扇透雕着寓意"平安富贵"图案和"福禄寿"等人物，墙面有"太平有象"等砖雕，有的大门两侧有螭龙、"花开富贵"等石雕，有的在水车堵上有灰塑彩绘手法制作山水图。在淡淡的阳光下，流连在充满闽南韵味的传统建筑的艺术中，是一件很快乐很幸福的事。

畲族自称"山哈"，是一个具有悠久历史和独特风情的山地民族。钟姓畲族从深山搬迁到闽南海边，以捕鱼、养殖海产品和耕田为生，融入了许多闽南地区的习俗与特色，形成了与其他山地畲族不同的独有的部落文化。

对钟宅人来说，探寻祖先的来历不过是找一个生命的源头，真正活在内心的是世世代代同生同息的信仰。钟宅的宗教和民间信仰与周

福寿楼沧桑的现状

夹杂在现代民居中的红砖雕砌

二、少数民族村落

福寿楼墙角石柱装饰

福寿楼

厦门文史丛书
|厦|门|传|统|村|落|

透雕着"平安富贵"图案的隔扇　　透雕着"平安富贵"图案的隔扇

夹杂在现代民居中的燕尾飞檐

二、少数民族村落

钟景成宅大门两侧的石雕

石雕特写

澜海宫

　　围的汉族差别不大,民间信仰以祖先崇拜和神明崇拜为主。钟宅村现有五座宫庙:祖祠、澜海宫(观音庙)、妈祖宫、王公宫与保安殿(相公宫)。

　　钟宅的开基祖及其五子被钟氏子孙供奉于祖祠永思堂,祖祠起着加强族群内部凝聚力和增强族群认同的重要作用。澜海宫供奉的是观音,万事皆通,可以求卜。宫外有大戏台,每逢佛诞日及村内或族人喜事,经常会请戏团来演出。妈祖宫供奉妈祖,每年农历三月二十日,宫庙委员会组织钟宅村民去湄州岛"请香"。王公庙供奉的护国尊王,是专门保佑民众平安的,每年农历二月十八日是村民祭拜的日子。保安殿,又叫相公宫,供奉的是广泽尊王,是专门保护村庄,制驱邪气。每年农历八月二十二日,村民都要去南安的祖庙请香回来祭拜,相公宫的旁边广场常有木偶剧团来演出。

　　钟宅还有土地公和圣祖公两座小庙,土地庙虽小,只有一个神龛,但香火旺盛。每年二月初二日,村民都要给土地公添油,以期来年顺利。圣祖宫供奉的圣祖公就是海中亡灵的骨骸,因钟宅村民多以渔业为主,出海捕鱼难免有溺水之人。为避免水鬼为害村民,便给溺死者举办后事,为其

二、少数民族村落

盖一简单庙宇，使其不至于在村中作祟。

祭祖一方面增强了宗族内部的联系，还能加深族亲的关系，另一方面也是向祖宗祈福的一种信奉。钟宅人宗族观念极强，特别注重对祖上的祭祀，这就有了清明祭祖的由来。

清明"吃祖墓"是钟宅的"热闹节日"。清明节，钟宅人要分房扫墓，扫墓之后，把祭拜的东西聚集在一起，聚众举行家族盛宴，钟宅人称之为"吃祖墓"。这个习俗为钟宅畲族所重视，外出工作、经商的子孙到祭祖这天都要想方设法回来参加，旅居海外的也要汇款回家以表心意。清明节这天，钟氏宗祠祖宗牌位前摆有八仙桌，桌上摆满各房供奉的牲礼，在右边的回廊里摆放红漆的长凳和方桌。这天，各房男丁要聚集在一起，当供品摆放整齐后，男丁打扫祠堂，相熟的族亲聚众泡茶聊天。在祠堂外的水泥埕则成为临时厨房，女人们洗菜切肉，协助烹制中午盛宴。等各房子孙聚集祠堂后，上香祭拜，一起聚餐，旺盛的香火预示了来年的兴旺，钟宅的历史可以在这场家族盛宴中找到和谐的理由。

在钟宅民间信仰活动中，最重要的是"送王船"。"送王船"又称烧王

清明祭祖——吃祖墓

船，是闽南沿海渔村的民俗。厦门"送王船"民俗文化活动，在2012年被国务院正式颁布为国家级"非物质文化遗产项目"。厦门送王船的习俗，以同安区吕厝村、海沧区钟山村和湖里区钟宅村的规模最大，但历史渊源各不相同。

钟宅村王爷宫供奉的"三王"，即大王爷、二王爷、三王爷。相传宋末年间，朝政混乱，有36名进士被权奸杀害。后来皇帝为抚冤魂，将他们册封为王爷，让他们代天"巡守"，其中有三位被封到钟宅，于是畲民便在村建造了王爷庙。三位王爷每四年要外出巡视，一是察看民情；二是驱除妖魔，确保风调雨顺、合境安宁。村民便建造王船，送三位王爷出巡。因为是为村社祈福，所以又称送王船为"做好事"，这就是钟宅送王船的由来。

钟宅"送王船"每四年举行一次，在鼠、龙、猴年进行。举办"送王船"通过掷筊确定吉日，然后由村里主事在澜海宫前造船，同时把村里主要的神明如妈祖、观音等金身从各庙请出来，众人抬着巡村。在吉日来到时，将王船搬到钟氏宗祠供全村人祭拜，最后拖至海边焚烧，人们在王船熊熊燃烧的火光中，焚香默念祈祷，保佑钟宅来年风调雨顺，所有的梦想与期

村民钟氏宗祠前祭拜王船

二、少数民族村落

村里的神明巡游

待在那红红的火苗里鲜活起来。

正如钟宅村澜海宫大门的对联"澜涨百丈开津道，海晏千年庆泉生"，"澜海"写尽了钟宅取道天海、靠海为生的数百年历史。

1996年，钟宅畲族村建成了钟宅民族小学，其中畲族学生占50%。学校坚持民族特色的办学方针，引进畲族文化，并加以创新，用闽南语教唱畲族歌曲。在学校修建民族文化走廊，向学生宣传畲族的历史文化，并在学校推广传统的畲族藤球运动，组成藤球队，参加全国少数民族运动会。

为有效保护钟宅村畲族特色文化，厦门市政府和湖里区两级政府在整个五缘湾片区改造文案中，做出了保留原钟宅村，就地改造旧村庄，原村民集中安置的决定，使钟宅成为厦门本岛在城市化建设中唯一保留的村庄。钟宅将成为表现畲族和闽南文化的博物馆，也是海峡两岸民生、民俗、民情交流的中心。

现在的钟宅是热闹的，但钟宅人依然怀念那过去有田有海、自给自足的农家生活。

文/图：赖建泓

"回"影寻踪

——翔安区新店镇陈塘村

陈塘村位于翔安区新店镇政府驻地东北 1 公里处，辖区总面积约 6.7 平方公里，其中丁姓回族居民 300 多人，是厦门唯一的回族聚居地。明天启年间，晋江陈埭丁氏回民徙此，建居于池塘旁，名为陈塘，也称亭塘。清代属民安里陈塘保，1943 年属仁风乡溪西保，新中国成立后先后归属普山乡第五区、洪钟区，新店公社溪尾大队。1984 年成立陈塘村委会，2006 年 5 月改为陈塘回民社区。

陈塘的回民均为丁姓，陈塘丁氏是由泉州的晋江市陈埭村迁居分衍而来。陈埭丁氏先祖是阿拉伯人，是伊斯兰教创始人穆罕默德的子孙。穆罕默德逝世后，他的女儿法蒂玛生有三男一女，其中一男孩名为忽辛。忽辛的子孙世代为"赛典赤"，意为"大首领"。蒙古军西征，进入中亚不花剌（今布哈拉）时，赛典赤家族有一名叫赡思丁的回族率一队千余人的骑兵归顺，从此赛典赤家族便来到了中国。赛典赤·赡思丁在忽必烈时代曾任云南行省平章政事，为云南设立行省的第一任行政长官。"赛典赤"阿拉伯文原意为"荣耀的圣裔"，即伟大的贵族。"赡思丁"的含义是"宗教的太阳"。赛典赤的后裔，不仅铭记着前辈的丰功伟业，而且取赛典赤称号之首音"赛"立姓。他的子孙在元朝也历任要职，长孙博彦任泉州府长官，次孙乌马几也在福建行省做过官。而陈埭村丁氏也是尊赛典赤·赡思丁为始祖。据《陈埭丁氏族谱》称，始祖的一支后裔于元代由姑苏行商入泉。三世祖丁硕德（1298—1379），讳夔，字大皋，是丁氏迁居晋江陈埭的肇基者。元代末年的至正十七年到二十六年（1357—1366 年），泉州爆发持续 10 年的"亦思巴奚"战乱，元将陈友定讨伐叛军时"凡西域人尽歼之，胡发高鼻有误杀者"。特别是进入明朝以来，在大汉民族主义政策和排外风潮的影响下，尤其是泉州地区的汉人，因元末兵乱的蹂躏而对色目人所产生的怨恨心理和反抗情绪，使得回族人备受歧视。由于惧怕明初统治者的迫害，色目人纷纷逃往海外，或迁往他乡。而丁氏回族迁居陈埭后，在相当长的一段时间里不得不隐匿自己的真实身份和来历，奉行"隐伏耕读其中"，"远于法而得其家"。四世祖丁仁庵，讳善，字彦仁，遵其父命，拓基启宇，创建宗祠，并组织回民积极参加当地围海造田工程，在这里定居了下来。后因白莲教案

二、少数民族村落

受株连，父子俩被囚于南京天牢，十年后才获赦。惊魂未定之余，没过多久，于成化年间又因为"撒脱氏之戍"受诬陷，据相关族谱记载："撒戍之诬，几乎灭族，争讼十八年始白。"一连串的迫害使得丁氏心有余悸，为保其宗，丁氏不得已隐匿家史，自此过着长期隐族埋名的生活。此外，由于忌惮统治者对回族人的报复，回民纷纷改用汉姓。陈埭丁氏改姓的依据是选用始祖赡思丁的尾音"丁"字为姓，即使不得不更姓埋名，他们也希望后代子孙能由此世代追溯到他们的祖先，饮水思源。

丁氏在陈埭逐渐发展成望族，创分堂号"陈江"（丁氏总堂号为"聚书"）。陈埭的名字由来是为了纪念宋初武宁军节度使陈洪进在当地围海筑埭，故称之为"陈埭"。回民不撰昭穆字辈，以世次分长幼。丁氏在陈埭不但人丁兴旺，经济腾飞，建有宏伟的伊斯兰教堂，而且历代名人辈出，如丁仪，明弘治进士，官知县，迁四川按察金事；丁自申，嘉靖进士，累官至梧州知府；丁启浚，明万历进士，历任宝庆、杭州二府推官、户部主事、太仆正卿、刑部右侍郎、左侍郎，兼理刑部都察院正卿，逝后赠刑部尚书，显赫一世；丁炜，官升至湖广按察使，清代著名诗人；丁拱辰，著有《演炮图说辑要》等。

陈江十一世大长房次子丁启生，在明万历末，因与邻村某氏发生纠纷，改姓"达"，避居在同安民安里十一都。达氏祖坟今尚在马巷造店自然村。丁启生之子丁蒿庵，名绍美，字在中，明崇祯癸酉科武举，官至广东河源守备。当官后复姓丁。他们以陈江之"陈"，与居住地前面的大池塘连字，改村名为"陈塘"，这就是厦门陈塘村的由来。

陈塘村在历史上以农为本，村民们都勤劳耕作，但由于当地土质贫瘠，水利设施差，因此经济落后，生活贫困，加

陈塘丁氏祖墓

上鼠疫流行，很多人都外迁了。当地曾流传一句俚语"陈塘、九沙，乞丐不刮"，形象地说明了陈塘村的困境。直到农业集体化以后，农民依靠集体的力量，经济才开始有了复苏。特别是成立自治村后，由于市民族委大力扶持，拨款率先安装电缆线，建设排灌站，使一些坡地由"望天田"变成"水浇地"，才得以种上水稻。此后，兴建工厂、第三产业蓬勃发展更是助力经济发展，改变了原先村民的生活面貌。

在700多年与汉族共同生息和交往的历史发展中，丁氏回族文化内涵已经逐渐趋同于汉文化。影响这一汉化过程的原因是由于丁氏长期和汉族混居、通婚、读书入仕等，许多习俗均已汉化。在陈塘村，村民的穿着、打扮和汉人大同小异。在一些习俗上也有所改变，他们也吃猪肉，但是为了表示对于先祖的尊重，每年祭祖时，不焚香烧纸，不敬祭猪肉。汉化是不可避免的历史趋势，但是村里尚有留存一些伊斯兰文化特征的东西，例如大部分村民仍戴着标明自己民族身份的洁白的清真帽。另外，陈塘丁氏早年曾建有祖祠，实际上是清真寺的隐形。宗祠的整体布局构成了汉字"回"字形，后殿东北角为了模仿汉字书法的转角折笔，那个角被斜斜削去，暗示其族源为回族，而且在祖祠前后厅悬挂有"百代瞻依"、"绥我思成"两块巨匾，以此纪念其始祖赛典赤·赡思丁。可惜祖祠在民国初年被人蓄意纵火焚毁了。此外，如遇伊斯兰重大节日，像"开斋节""古尔邦节"，他们还会派代表参加祖籍地清真寺的活动。

追本溯源是人的本性，陈塘村丁氏祖墓仍被后代子孙所祭祀。墓在今翔安区马巷镇朱坑社区石店自然村西南800米路旁，修建于明代。龟背形土堆墓冢，墓冢前以盔形三合土墙夹立长方形墓碑，正中镌刻碑文："皇明显考丁公，妣郭氏祖墓"，"孝男锦全立石"。此墓成为陈埭丁氏迁居于此的见证，是陈塘丁氏慎终追远、缅怀祖先的所在。

作为厦门唯一的回族聚居地，陈塘回族村在这繁衍生息了300多年，他们早已融入当地居民的和谐生活之中。虽然岁月风霜日渐汉化了他们的民风民俗，但是仍有一些先祖的民族印记留在他们的土地上，相信只要保护好这些东西，让后代还有东西可以追忆，那么他们民族的既往就不会被湮灭，而会成为他们世代相传的胎记。

文/图：郑滢君

注：本文参考洪树勋的资料。

三、客家村落

三、客家村落

谜一样的信仰

——湖里金山街道坂美村

坂美村原名坂尾村,位于湖里区金山街道五通社区钟宅湾(今五缘湾)的东岸。这里风景优美,民风朴实,今主要村民姓石。

这里的石姓族人,曾是开发古同安(包括厦门岛)最早的四支汉族族姓之一,民间依其居住的区域,称之为"东黄西石",与"南陈北薛"齐名。据漳州的《石氏族谱》记载,石姓始祖为石蠢扈(字振卿),江南寿州(今安徽寿县)人,由于武勇且征剿黄巢有功,而被授予"福建部尉"官职,唐僖宗光启二年(886年)入闽。后来由于当上了南部都尉,因而移居鹤浦(即今厦门市杏林的高浦村)。也有一说认为是后唐天成四年(929年),始祖石琚自安徽寿县徙居福建同安,后子孙散居闽粤各地。两说的始祖只是人名不同,但都是从今安徽寿县徙来,从寿州—鹤浦—坂美,这条先后迁徙的路线十分清楚,可以说坂美就是个古代移民村,可追溯的始祖为安徽寿县人。

到宋代,高浦石姓已发展繁衍为同安的望族。历史上石姓族人考中进士的人数众多,先后考中进士达63名,这在全国来说也是相当罕见的。明确与坂美社石姓族人有关系的古代名人为石尊、石赛、石元教三人,据《坂美石氏族谱》记载："石尊公，仁宗皇祐元年进士第，祖系同安高浦，派分嘉禾坂美乡。""石赛公，仁宗皇祐元年进士第，祖系同安高浦，派分嘉禾坂美乡。居官有德政，崇祀乡贤，载在县志。""石元教公，字质亭，为国子（监）助教，迁泉州长史。祖同安高浦，派分嘉禾坂美乡，载在县志。"从这些记载的词句分析，坂美村的历史似乎要早到宋代。加上几年前，房主在坂美九十九间的地下曾挖出宋代的石刻飞天一块，所以坂美村的历史也可追溯到宋代。

民间传说，明朝初年，因谣传闽南有"龙脉"之象，朝廷派人巡查斩"龙脉"，以绝后患。但此举扰民害民，石姓族人也因此而散居各地，近的迁到同安岳口、厦门岛内的坂尾（今坂美），远的徙至浙江台州、广东潮州等地。如果传说和族谱记载正确，仅从明初算起，坂美村至今已有600多年的历史。此外在坂美村西南角的石姓祖墓——石耀荣墓上有明嘉靖四年（1525年）的墓碑，间接证明坂美村存在的历史不少于500年。

清代，这里为福建泉州府同安县绥德乡嘉禾里二十一都北山保坂美社，人口得到进一步的增加。加上土地兼并严重，出洋谋生的人在不断增多。由于坂美村是海边的村落，村民常出海捕鱼和航运，还有人从事台海两岸郊行贸易和与南洋贸易，因此而发家致富的商人是不少的，其中有名的商人为石时荣、石日华，都在村中建起了规模宏大的闽南传统建筑，以光宗耀祖。这些古建筑见证了坂美村过去的辉煌和富裕。

尽管坂美村保存至今的古建筑不是很多，但规模都较大，既有家庙，又有民宅，不仅有三合院，也有四合院。主要有坂美石氏家庙、石时荣宅、石大春宅、坂美九十九间等。

坂美村的石氏家庙不大，是一座清代建的闽南传统建筑，由主体建筑及围墙、院门组成。方向170°，总面宽11米，通进深17米。均硬山顶，抬梁式构架。主体建筑单条燕尾脊，面阔三间四柱，进深三间四柱。院墙门楼为平脊，山字形山墙。尽管经历过"文革"毁四旧，庙内的几十个石氏祖先的牌位还是保存了下来，今天看起来还相当精致，金黄闪亮，这是中国传统社会中敬祖重宗的最有力证明。庙前有旗杆石一对，保存完好，树立于显著的位置上，昭示着家族过去无限的荣光。院墙上饰两个对称的圆形窗，古香古色，有明代风格。圆圆的窗口活像古庙的两只眼睛，似乎在注视着人世的沧桑，使古庙显出深深的莫名的神秘来，让人颇感敬畏。尽管此庙装饰较为普通，主要有花卉、螭龙等不多的木雕，但它在坂美石姓族人心目中的地位是无法取代的。

三、客家村落

湖里区金山街道五通社区坂美社20号石时荣宅（1）

　　村中最为精美的民宅是石时荣宅，又称坂美大夫第，建于清道光丁未年（1847年），耗资白银13300两。此宅在村南，为一座合院式闽南传统建筑。现存前后两进主体建筑及左护厝、门楼和围墙。方向170°，残面宽15米，通进深30米，总占地面积约916平方米。砖木石结构，均硬山顶，梁全架于墙体上。门楼较小，为单条燕尾脊，前后有门廊。第一、二进主体建筑叠顶，双燕尾脊，第一进面阔五间两柱，进深两间；第二进面阔三间，进深两间。此宅装饰华美，工艺精湛，有很高的艺术价值。木雕有花卉、鱼、麒麟、人物故事（白虎堂等）、博古器物、如意、钱纹、卐字纹以及"偏福临之"等文字，石雕有狮子、龙、变体螭龙纹、松鹤图以及"花开富贵"等。墙体的正立面和第二进的大厅墙体下部均有几何纹拼砖图案，第一进的廊道两端的墙体上有"太平有象"等砖雕以及花鸟画彩绘。屋脊上有花卉和"添丁进财""联登甲第"文字剪粘，昭示着科举还没有被废除前中国社会的传统理想，此外坂美九十九间挖出的砖质买地券中也有"添丁进财，子孙昌盛"之语，无不反映出"多子多福"的中国传统文化思想。此外，大门两侧还有石刻诗句："苑校内园红芍药，洛阳输却牡丹花。""青裙玉面如相识，九月茶花满路开。"无论是内容还是书法都是那样的美，让人难以忘

【253】

怀。

村中最大规模的民宅是坂美九十九间。它又称"举人府"、"坂美石氏民居"或"石日华宅",是一座规模宏大、气势磅礴的闽南传统建筑,是清代坂美富商石日华所建。此宅方向305°,通进深76米,总面宽42米。它由前后两组建筑构成,均硬山顶,梁全架于墙体上。前组建筑现由一座主体建筑及左右护厝、围墙组成。主体建筑单条燕尾脊,面阔三间,进深两间;左右护厝平脊,马鞍形山墙,面阔六间,进深一间。后组建筑由一座主体建筑及左右厢房、左右护厝、左右护龙和后界组成。主体建筑单条燕尾脊,面阔三间,进深两间。此外其他建筑均叠顶,平脊,马鞍形山墙,左右厢房均面阔两间,进深一间;左右护厝均面阔六间,进

湖里区金山街道五通社区坂美社20号石时荣宅(2)

坂美九十九间

三、客家村落

坂美九十九间钱形透窗

深一间；左护龙面阔九间，进深一间，右护龙面阔十二间，进深一间；后界面阔十三间，进深一间。前后两组建筑连成一体。此宅装饰较为普通，主要有人物故事等木雕。主体建筑墙体正立面有几何纹拼砖图案，檐廊过道的墙上有"花开富贵"等彩绘图案，过水廊上有钱纹红砖拼成的透空窗。过去在此宅第一组建筑的门前地下挖出宋代飞天石雕一件，在前组建筑的大厅供桌铺地砖下曾挖出一块砖质买地券，与现今的房产证相类似，只不过它不是官府颁发的正规买地券，而是为了屋主全家的平安而虚拟购买宅地的明器。此券为一方形红砖（即尺二砖），长宽均30厘米，厚2厘米，记录"福建泉州府同安县绥德乡加禾里二十一都北山保坂美社居住□□，石瑞、石支许、石鼓文等用银数百两，正托中张坚固、李定度买得封猴山土地公地基一所……大岁丁巳年三月十二日……"主要内容为虚指。此宅是先建前组建筑，再建后组建筑。宅前即为大海，此宅主人曾经营南洋的货运和台湾海峡两岸的郊行贸易。

此外，像石大春宅这样的清代建筑，也有可观之处。它由前后两进及右护厝、横屋、外护龙组成。方向340°，总面宽27.5米，通进深25.5米。砖木石结构，均硬山顶，梁全架于墙体上。主体建筑第一、二进均为单条燕尾脊，面阔三间，进深两间。护厝、护龙、横屋均平脊，马鞍形山墙。护厝、护龙、横屋均面阔六间，进深一间。此宅装饰较为精美，主要有螭龙、灵芝、钱纹等木雕。榉头上还有用灰塑、彩绘手法制作的村落人物图。

这些古建筑如今在坂美村尽管已不多了，但它是坂美村最值得骄傲的所在，对见证历史和研究厦门地区的古建筑类型及装饰艺术有较高的价值，是不可多得的珍贵文物。

坂美村前就是海——钟宅湾（今五缘湾）。自古以来，海上交通十分方便。清代，这里的人们从事对台的郊行贸易，不少人发家致富。"郊行"是指中国明清时期从事海外贸易往来的商行。坂美村最著名的郊行商人就是清代移居台湾的石时荣。他于乾隆五十九年（1794年）从坂美出发，渡海过台湾，定居台南。先在"元美号"受雇，得老板林朝英赏识，荣升家长（相当于今天的总经理）。嘉庆年间开店"荣盛号"，经营"郊行"糖米生意，并从事台运贸易，把台湾产的糖、米运贩到大陆福建或北方一些省市，把福建尤其是闽南的茶叶、建筑材料、纸、布等运贩到台湾，获利颇丰，最终富甲一方。

为了感念林朝英，清道光十年（1830年），石时荣改其店名为"鼎美号"。今天台南也有座与坂美村石时荣宅（坂美大夫第）极为相似的古厝，称"石鼎美老厝"。坂美和台南两地都有同一个主人——石时荣的住宅，反映了坂美和台南存在的特殊关系。近年来，台湾和东南亚的石姓宗亲常回坂美祭祖，共叙亲情，此情此景，颇为感人。

坂美九十九间就建在钟宅湾边上，它的主人石日华也是从事台湾海峡两岸郊行贸易和航运生意的。清代时，在他的宅前港湾内停泊了不少高大的横洋船、贩艚船，是载货到台湾或南洋的主要交通工具。当时主要前往金门、澎湖，台湾的鹿港、台江、打狗（今高雄）和南洋的新加坡、马六甲等，去时运茶叶、烟草、陶瓷、布料、建材、雨伞等，从台湾运回米、糖、番薯、鹿肉、木料等，从南洋运回香料、大米、木材等物品。坂美九十九间尽管是住宅，实际上也起到郊行"总部"的作用。通过这三地的郊行贸易和航运，石日华发家致富，并建起了坂美九十九间这样的大宅。可以说无论是坂美大夫第还是坂美九十九间，都是台海两岸郊行贸易以及与南洋地区贸易史的见证，是难得的涉台文物。

坂美村人在清代不仅进行跨地区的贸易，而且常驾舟或搭船漂洋过海，外迁台湾及东南亚地区。如今坂美社的本地人仅80多户，不足400人，但在台湾及东南亚等地的原籍坂美的移居后裔达6万~7万人，其中在台湾就

三、客家村落

有2万多人，可以说坂美社的后人主要是往台湾和东南亚地区发展。

坂美村村西原有一座专供杨五郎的古庙。这座庙不大，与闽南一般的宫庙也没什么区别，但它供奉的神主却不一样，是人们熟知的杨家将戏曲中的杨五郎，所以称之杨五郎庙。从现存的覆盆状石柱础看，至少明代时此庙就已存在。从硬山顶等整体风格看，原庙属清代建筑，为前后两座殿，均单条燕尾脊。前后殿间有卷棚顶方亭相连，两侧各有一小天井。由于杨五郎后来是在五台山出家，所以龛上方有匾，上书"大德禅师"。可惜的是，2007年因修路，此庙被迁到妈祖庙东侧重建，已非原貌。

杨五郎大名杨春，字延德，是宋元戏曲、民间传说以及明代《杨家将演义》《杨家将传》小说中的北宋杨家将人物，是抗辽名将杨业的第五子，故称"杨五郎"。但《宋史》中并无此名，却有这样的记载："业既没，朝廷录其子供奉官延朗为崇仪副使，次子殿直延浦、延训并为供奉官，延瑰、延贵、延彬并为殿直。"因而历史上当有杨五郎这人。据说山西五台山的太平兴国寺有座杨五郎庙，但是那是他出家的地方，有供奉的庙很正常，为何在东南沿海偏远的厦门岛上也有供奉杨五郎的庙？杨五郎在坂美石姓人心目中的地位很高，和祖先没什么差别，至于为什么要敬奉杨五郎，就连村中的老人也不知其中缘由。从此庙石门两侧的对联"神庇石庄，千秋与万代子孙；佛火旺盛，四海连九州大地"看，这是希望和祈求杨五郎这尊石姓信奉的神能永远庇护和保佑石氏子孙，从中可以推断杨五郎应该对坂美石姓的祖先有恩，很可能是他的部下或救命之人。

据我所知，坂美村这座专供杨五郎的庙是闽南地区唯一的一座。坂美石姓崇拜杨五郎这独特的神祇与闽南一般祭拜的神祇不同，既意味着坂美石姓族人与杨五郎有着非同寻常的关系，也昭示出坂美石姓族人与当地闽南人的不同。

石姓始祖石蠡扈为安徽寿州人，于唐末入闽，后"为南部都尉，因移居于鹤浦（即今杏林高浦村）"。据《坂美石氏族谱》记载："石尊公，仁皇祐元年进士第。祖系源于同安高浦（今杏林高浦），派分嘉禾坂美乡。"可知坂美石姓源自安徽寿县，可以想象迁居时，他们也一定会把杨五郎信仰甚至是膜拜的杨五郎神像从老家带来，在新的居住地设庙，这应是坂美出现杨五郎庙的由来。这种情况当与厦门市集美区灌口也有四川都江堰同名的二郎庙一样，是人们迁居的物质证明。

如同林后村民一样，坂美村村民每年正月十五日，也要到杨五郎庙恭请杨五郎神像出游村庄一周，人们一边走，一边摇抬着神像，摇得越起劲且幅度越大则寓意越兴旺发达。

　　有报道说坂美村是厦门岛内唯一的客家人聚居区,不知有何根据?现在看来,要找到坂美石姓原来是客家人的根据应当是十分困难的。就算从迁徙的源头或者从历史上说它确系客家民系中的一支,但因迁来闽南地区时间太久了,原有的客家特征已消失殆尽,他们的语言、文化已被周围的闽南人基本同化,即便是建筑形式也和闽南人完全一样。总体看来,现今坂美石姓族人与一般的闽南人并没有什么区别。只是在宗教信仰方面,他们敬奉的神祇——杨五郎,与周围的闽南人的神灵相比有明显的不同。尽管石姓族人已说不清敬奉杨五郎的原因,但正因为坂美村有这样独特的杨五郎庙存在,有这样敬奉杨五郎的残迹,或许就昭示出他们可能的深层次的客家人原质。

文/图:陈文

融合和美之村

——海沧区东孚镇鼎美村

　　鼎美村位于海沧区东孚镇东南部,在美丽的马銮湾西南岸。它的得名有两种说法,其一认为,村西南背靠似倒置之鼎的文圃山,俗称鼎山。村庄处在鼎山之尾,故称鼎尾村,后被雅读成鼎美村。其二认为,该村原名为客家话"锅尾村",新中国成立后被改成闽南话同音的"鼎美村"。由于胡姓客家人迁来较晚,所以当属第一说正确。

　　鼎美村是自古以来的和谐村,有悠久的历史。这里主要是陈、胡两姓族人聚族而居,其中陈姓族人为闽南人,早在南宋淳祐年间就从漳州迁来,是鼎美最早的居民之一。尽管其家庙陈氏小宗——维新堂现在的建筑为清代前期所建,但其始建于宋代,一直延续到今天,至今已有近千年的历史。而胡姓族人的祖先则是永定客家人,元代中叶迁来鼎美村,晚于陈姓入居。但人口增长却是后来者居上,如今全村居民有2100多人,胡姓占大多数,有1600多人。数百年过去,陈、胡两大族姓,践行着中国传统社会"和为贵"的传统,和谐共处,和平发展,可说是中国传统村落共同发展的典型。

海沧区鼎美村东区一角

鼎美村是古代族群同化村。由于鼎美村地处闽南人聚居的中心地带，长期以来，外人以为这里居住的都是闽南人，但村中的胡姓族人原本并不是闽南人，而是属于货真价实的客家人。据"文革"期间被烧毁的《鼎美胡氏族谱》记载，鼎美胡姓的开基祖为"念八郎"。永定《下洋胡氏族谱》也记载，鼎美胡姓开基祖念八郎，是永定下洋胡氏开基祖七郎公的第二个儿子。传说元朝中叶，念八郎带两个儿子到南坂湖落脚，以打铁为生。有一天，念八郎赶鸭到马銮湾海边附近叫"锅尾"的破棚屋（约相当于今天鼎美胡氏家庙"敦睦堂"的位置）内避雨，第二天发现水鸭母都生了两个蛋，因而认为这就是土地公梦中所指的吉祥地，于是定居下来，是谓鼎美胡姓的开基祖。至今传28世，有700多年的历史。这两本族谱都记载鼎美胡姓始祖念八郎从永定下洋迁来，而且念八郎的墓就在离鼎美村不远的狮头

海沧区鼎美村一角

山上,因而其先祖从永定迁来的说法当真实可信。由于永定县下洋胡姓族人是典型的客家人,可证鼎美村的胡姓族人原先也是客家人。几百年过去了,鼎美村胡姓族人,各方面已被周边的闽南人同化了。如今胡姓村民只知自己是客家人,却不会说客家话,只会讲闽南话,属于闽南化的客家人。

鼎美村是一座令人向往的古村,有浓厚的中国传统文化韵味。首先是村落宏大,大体上保留了明清时期形成的布局。村落宗庙前有大的长方形水塘,这是依照风水学说而开挖的,估计早在明代就已存在。其次是保存的古建筑较多,彰显浓厚的古村色彩。那众多巍峨璀璨的家庙,一般多是由前后两进主体建筑组成的合院式清代闽南传统建筑,既古色古香,又精彩纷呈,且气度庄严,从笃叙堂（鼎美胡氏小宗）到余庆堂（鼎美胡氏小宗）,从墩山堂（鼎美陈氏家庙）到维新堂（鼎美陈氏小宗）等家庙,都体现着敬祖重宗的人伦内涵。

三、客家村落

　　笃叙堂，又称鼎美胡氏小宗，是一座由前后两进主体建筑和左右护厝组成的合院式清代闽南传统建筑。坐东南朝西北，方向320°。总面宽23.4米，通进深22.7米。砖木石结构，硬山顶，木梁全架于墙体上。第一进叠顶双燕尾脊，第二进单条燕尾脊，两进均面阔三间，进深两间。左右护厝平脊，马鞍形山墙，面阔六间，进深一间。笃叙堂装饰十分精美，木雕主要有螭龙、象、狮子、鳌鱼、蝙蝠、几何纹等。此外还有灰塑的螭龙纹，水车堵上有灰塑、剪粘、彩绘等手法制成的村落山水图。

　　余庆堂，又称鼎美胡氏小宗，是一座由前后两进主体建筑和左护厝组成的清代合院式闽南传统建筑。坐东南朝西北，方向324°。总面宽25.6米，通进深20.7米。砖木石结构，硬山顶，木梁全架于墙体上。第一进叠顶双燕尾脊，面阔三间两柱，进深两间两柱；第二进单条燕尾脊，面阔三间两柱，进深三间三柱。此二进均抬梁式构架，硬山顶。左护厝平脊，马鞍形山墙，面阔六间，进深一间。此宅装饰十分精美，主要有花鸟、如意纹、象、鳌鱼等木雕，也有透雕螭龙纹石窗、饰花卉的方形石柱础、螭龙、螺纹抱鼓石等石雕。

　　这里还有众多的古民居，无论是胡姓的胡世富宅、胡世林宅、胡万修

余庆堂（鼎美胡氏小宗）全景

余庆堂木雕

宅、胡招西宅、胡子仁宅、胡凤美宅、胡奕如宅、胡昆乡宅、胡琼疆宅，还是陈姓的陈素英宅，都是清代闽南传统建筑，主要是四合院式，由前后两进或前中后三进的主体建筑和左右护厝组成。此外还有一些主体建筑与左右厢房组成的三合院。这些民居都是中轴线布局，左右对称，与别的地方的闽南传统建筑差别不大，只是没有新垵古建筑规模那么宏大，那么豪华。此外石柱础方形的较多，较有特色的地方是不少建筑的瓦顶上压着砖，如陈素英宅屋顶瓦片上整齐地压着红砖块，以防台风等强风刮飞屋瓦。这种瓦面上压砖，在闽南地区的山区也有，但不多见，而在永定等客家地区则较为多见。这或许是受客家建筑影响而表现出来的鲜明个性。这些建筑绝大多数既有木雕，又有石雕，更有拼砖和彩绘，整体都十分精美。

胡万修宅是一座原由前、中、后三进主体建筑组成的清代合院式闽南传统建筑，现仅存前后两进。坐西北朝东南，方向152°。总面宽20.2米，通进深29.3米。砖木石结构，硬山顶，木梁全架于墙体上。第一进叠顶双燕尾脊，面阔五间，进深两间；第二进单条燕尾脊，面阔五间，进深两间；第三进早年因火灾倒塌。此宅装饰十分精美，主要有鳌鱼、螭龙、凤鸟、花卉、螃蟹等木雕和花卉石雕。墙体上有彩绘狮子、花卉等彩画。传说此宅始建于明末，其中部分主要建筑建于清乾隆年间。房主祖上曾在马来亚

三、客家村落

槟城经营糖行。新中国成立前,第二进因火灾倒塌,屋顶重修过,但装饰较精美。院内有房主拾捡的"敦苇楼"石匾一块。

胡招西宅是一座由前后两进主体建筑组成的合院式清代闽南传统建筑。坐东北朝西南,方向230°。总面宽12米,通进深23.4米。砖木石结构,硬山顶,木梁全架于墙体上。第一进叠顶双燕尾脊,面阔三间,进深两间;第二进单条燕尾脊,面阔三间,进深两间;左右厢房各一间,平脊。此宅装饰十分精美,木雕主要有螭龙纹、狮子、鳌鱼、凤鸟、花卉等;石雕有抱鼓石等,主要有花卉、博古器物、人物装饰,此外还有葫芦状石柱础。胡招西早年于南洋经商致富,回乡后购置此宅。买前此宅曾作当铺使用。抗战时期受日军炮火轰炸,后界现已拆毁。

这些精美的古建筑古色古香,是一道道靓丽的风景线,给人以美的享受和传统文化熏陶。每一座古宅,仿佛就是一个历史故事,像谜一样,吸引着人们探寻,体现出古村的丰采。这些不可再生的古建筑,是珍贵的人类文化遗产,值得保护。

鼎美村是古代的重商村。随着人口增加,大约在明代时,鼎美村出现了村中一条街。到清代,这条街既有店铺,又有作坊,较为热闹,商品经济较为发达,有的民居如胡子仁宅利用前面的两座横屋开糖行经商,胡招西宅曾作当铺,都体现出村中重商的传统。自古以来,鼎美村对外交通十分便利,北面过去有海边码头,可行商船,通往厦门、同安直至出洋,方便鼎美村民出海捕鱼和出洋经商。清到民国时,鼎美村不少人前往南洋谋生或经商,如胡招西、胡琼疆早年于南洋经商致富;胡万修的祖上曾在马来亚槟城经营糖行;胡昆乡在南洋经营航运事业,并加入了英籍,过去在鼎美家中曾挂有"英国籍民胡昆乡住宿"的牌匾。

鼎美村是古代的实力村。早在明代,这里的人口就相当兴盛,尤其是属客家的胡姓族人人口增长很快,经济有了很大的发展。今天,鼎美村周边还保存有较多的明代胡姓族人墓,从侧面说明当时鼎美村人口有了很大的增加。

在距鼎美一公里的原野上,有明弘治七年(1494年)胡元轩墓、明代胡顺夫墓。其中前者规模大,由石享堂、墓葬主体、石牌坊三部分组成。平面呈"风"字形,总长17.9米,宽7米。墓后端有用花岗岩条构筑的两面坡享堂一座,墓前有一平面呈"凸"字形的花岗岩"鹤鹿碑"。此墓墓围用三合土构筑而成,墓围高2.1米,两端有花岗岩石雕墓龙,长3.12米,宽0.22米。墓前有一三门四柱的花岗岩石牌坊,坊长9米,高4米。

胡元轩墓全景

又在东孚镇鼎美村龙门社狮子山脚下有胡姓族人墓葬群，主要有明嘉靖十一年（1532年）鼎美胡氏"始祖墓"一座和胡庭铨夫妻墓三座。此外在狮子山半山坡上还有明代晚期的胡文峰墓，当地叫"太子亭"，而民间则将其说成是"太子墓"，这实为一种误解。这是一座规模较大的明代墓，坐西北朝东南，方向120°。墓依山而建，墓茔分级建造，共分4级，最上一级为墓穴，中间为用花岗岩石条石铺筑的墓坪，下部有甬道和前墓坪。墓葬平面呈现后圆前方，平面略似人的上半身状，长25米，宽24米。墓用花岗岩条石构筑，坟头还用三合土构筑出大半圆圈状，厚0.45~0.6米，高0.55米。墓围内坟顶上有方柱重檐歇山顶的亭状小石享堂，享堂是用长1.8米，宽1.4米，高2.4米的用花岗岩条石构筑而成的。尽管此墓在20世纪80—90年代曾多次被盗，但外观仍保存得相当完整，对研究明代厦门地区的墓葬结构很有价值。

胡元轩墓、胡文峰墓，规模宏大，坟上有石享堂，能建造这样的大墓间接地反映出鼎美村胡姓族人在明朝晚期有较为雄厚的经济实力。

鼎美村是一个涉台文物村，这里有较多的涉台文物建筑。由于地狭民稠，加上土地兼并严重，鼎美村民和闽南其他地方的人民一样，明清时不

三、客家村落

少人迁徙台湾、南洋等地，因而鼎美村历史上与台湾和南洋等地关系十分密切。据族谱记载，历史上墩山堂后代五房子孙移居台湾省台南市。清乾隆年间，鼎美陈姓族人陈舜日迁居台湾，至今在台湾南投等地繁衍有陈氏族人上千人，因而鼎美保存至今的涉台文物也不少，主要的有墩山堂、维新堂等家庙。

墩山堂，又称鼎美陈氏家庙，奉祀宋代陈氏始祖陈泰基等陈氏祖先，是一座由前后两进主体建筑组成的廊院式清代闽南传统建筑。坐西南朝东北，方向50°。总面宽11.5米，通进深22.4米。砖木石结构，硬山顶，抬梁式构架。中为天井，左右两侧为廊道。第一进假叠顶双燕尾脊，面阔三间一柱，进深一间两柱；第二进单条燕尾脊，面阔三间两柱，进深三间四柱。此庙装饰简单，石柱础上有动物形象雕刻，旧木雕已不存。

维新堂，又名鼎美陈氏小宗，是一座前后三进的闽南清代传统建筑。坐西南朝东北，方向50°。总面宽21.9米，通进深33.4米。砖木石结构，硬山顶，抬梁式构架。第一、二进均叠顶双燕尾脊。第一进面阔五间两柱，进深一间一柱；第二进面阔五间两柱，进深三间四柱；第三进即后界，为单条燕尾脊，面阔七间两柱，进深一间。它的梁架、坐斗有精美的木雕，主要为凤、鳌鱼、花鸟等。石柱础等也有精美的纹饰。此庙原有后花园，

鼎美陈氏家庙

海沧区鼎美村东区188号前关帝庙

距今百年前已毁。宗庙前有半月形池塘，1961年被填平。此庙始建于宋代，今建筑为清代前期所建，1989年重修。

　　改革开放后，台湾的陈姓族人曾来这里祭祀祖先并捐钱，其情其景，十分感人。可以说鼎美村中的家庙，不仅对本村人来说是与祖先对话，获取祖先能量和精神力量的源泉，也是台湾和海外鼎美族人寻根祭祖的神圣之所。

　　除了在家庙祭祖外，鼎美村的其他民俗活动多种多样，十分精彩，其中最为热闹的是在关帝庙祭祀关帝。鼎美村每家每户，都在每年固定的日子，备供品，来庙祭拜，并请戏班来演戏，放焰火，增加热闹和欢乐气氛。

　　鼎美村是全国和福建省的敬老模范村。这里尊老敬老，蔚然成风。现今村里60周岁以上的老年人有288位，约占全村总人口的14%。针对村里老年人较多的情况，早在1993年村里就成立了老年协会，后来还建立了老人活动中心，开办了老年学校，组织了老年人腰鼓队、扇舞队等，定期组织老人到周边游玩。此外村里还充分发挥老年人的积极作用，引导老人们参与村里的管理和建设，如今老年人已成为维持治安秩序，调解纠纷，宣传计生政策、改造村容村貌的重要力量。由于敬老工作出色，2006年该村被全国老龄工作委员会办公室评为"全国敬老模范村"。此外鼎美村还是革命老区基点村、"福建省巾帼示范村"，在建设城镇化的新农村中，发挥着带头兵的积极作用。

文/图：陈文

三、客家村落

大山中的客家村落
——同安区莲花镇南山村

迫于战乱,历史上中原汉人,从汉代到明代中叶经历数次南迁。这些南迁的汉人多数居住于广东、江西、广西、福建等地,福建以闽西、闽北居多,闽南地区也有少量分布。客家人是对这些中原南迁汉人的一种称谓。这些南迁汉人通过与当地民族的融合,吸收又容纳当地民族文化精粹,形成了既有中原文化某些特征,又具有当地某些文化特点的"客家文化",这种特点体现在语言、文化传统、风俗、建筑等多个方面。

客家人大多数选择在较为偏僻的山区居住与生活,由于古代客家人生活的年代多战乱、匪患,而且客家又是从外地迁来,因此客家多数选择聚族而居,这样的居住方式能有效地将客家人的各种传统得以保留。客家建

莲花镇庶内南山村

南山村"石牛吸水"

筑形式以圆形、方形居多，建筑几乎都有以下几共同特点：(1)"大"，客家建筑占地面积都比较大，规模宏伟壮观，一般"家""祠"合一，这样便于聚族而居。(2)"精"，建筑内部布局极为合理，一般都以宗祠为中心轴对称布局，多数采用前低后高的逐级抬升的建造方式，在建筑选材与内部装饰上也颇为精细讲究。(3)"奇"，客家建筑善于利用地形，让建筑完美地融合了环境等多种元素，使建筑与环境相得益彰，形式极为奇特。(4)"防御性强"，建筑多数采用全封闭围楼样式，房屋外围四周不开窗。有的建筑围墙四角设碉楼，在围墙与碉楼上遍布炮口枪眼，大门入口也设有多重防护，有的类似于西方城堡式建筑。这样利于防盗防匪，堪称民间军事堡垒。(5)"兼容"，客家建筑充分吸收了当地传统建筑的精华部分，成为既有当地传统特色又自己建筑风格的"混合型"建筑。

　　古代的客家人居住的村落在厦门地区分布较少，厦门市同安区莲花镇庶内村南山自然村是厦门地区为数不多的客家村落之一。庶内南山自然村坐落在风景如画的大阙山的西边，因大阙山位于莲花山与越山之间，山尖顶好似被削去，形成了巨大的凹陷，故得名大阙山，当地方言称大企山。大阙山自古就被南山村客家村民视为风水灵山。

三、客家村落

莲花镇庶内南山自然村四周被大山环抱，山中奇石洞穴遍布。这里有著名的南山客家八奇石——石牛吸水、金龟枕流、卧龙腾飞、擎鼓动天、石门锁翠、敖包相会、蟾蜍拜月、金榜题名，观者无不感叹大自然的鬼斧神工，造就了如此惟妙惟肖、形象逼真的奇石。每块奇石背后都有美丽传说，或是风俗民情。如在虎崆仑南麓公路山边屹立着一块高 8 米左右的奇石，形状如乌龟驮石碑，因其与同安文庙棂星门处立的"邑进士题名碑"（碑上刻有历代同安士名讳）极为相似，故名曰"金榜题名"。在村东约 500 米的后湖凤仑上屹立着一块状如带架之鼓的奇石，名曰"擎鼓动天"，相传古时客家村民每年春耕与秋收后，都穿戴民族服装在此击鼓比赛，以此祭祀土地山神。

南山村中的鹅卵石小路（1）　　南山村中的鹅卵石小路（2）

南山村余氏宗祠

　　南山自然村现有陈氏村民约 1200 人，均为南靖客家余氏后代，虽然历经 400 多年与当地村民的融合同化，但至今乃还保留有客家人的风俗与信仰。据南山村族谱记载，其先祖余子玉（讳德睿）于明洪熙元年（1425 年）由南靖沥水乡（现沥阳村）迁入同安，后定居于河田南山村（现莲花镇庶内南山自然村。后因虑祖上人丁单薄，问卜改从妻姓，男丁生前改姓陈，死后墓碑与神主牌恢复姓余，这就是当地所说的"陈皮余骨"。

　　走在村内纵横交错的石铺巷内，用鹅卵石与条石砌筑的房子，高矮错落有致，无处不充满了古朴的气息。这里远离了城市的喧嚣，让我们仿佛穿越了这个时代，回到遥远的农耕时代，是那么宁静与祥和。

　　南山余氏宗祠，位于村内 96 号、98 号旁，始建于明代万历间，坐东南朝西北，总面宽 92 米，通进深 83 米，点地面积 7636 平方米。建筑总体呈客家围屋形态，采用土坯墙体，木构梁架结构。外墙用较为坚固的鹅卵石砌筑墙裙，中间主体建筑相对高大，由前落到后落逐级抬升。主体建筑面阔五间 16.2 米，前后三落进深 27.8 米，穿斗式梁架，悬山顶，三段翘脊，凹形门廊。中间为厅堂，两侧有边房，主体建筑外围建有水渠，名曰"通水渠"。在通水渠左右两侧，分别建有用于供全村存放牲畜和每户一间厕所的成列围屋。北侧有四列，南侧有两列。这些成列房舍围绕在主体建筑的外

三、客家村落

蔗内南山余氏祠堂围屋之间"牛尾巷"

蔗内南山余氏祠堂大厝与围屋之间的小巷

围,被称为"牛朝巷"与"厕所巷"。这些成列的围屋之间、围屋与主体建筑之间均有鹅卵石铺巷相通,纵横交错。主体建筑两侧及前后有连通的巷弄,头尾门隘上建有用于守更防盗的小望楼,整个建筑规模宏大,生活设施完备,防护功能完善合理。建筑强调人与自然、人与人之间的一种共生共存的关系。建筑群体组合是古代客家人对择地观念与空间形态的理解,也反映古代客家人与当地的传统建筑紧密结合,因具有强烈地域性,使其独特的文化传统与生活习惯得以延续与发展。保存得如此完整的明代客家古建筑群,在厦门地区极为罕见。

　　蔗内南山客家古村落,是在那遥远的农耕时代文明孕育下,客家先人充分利用地形、地貌、山水特征,经过巧妙的组合和合理布局,使美丽如画的田园风光、古朴的风俗民情与建筑得以完美的融合,使其达到客家人追求的"天人合一"理想境界,凝聚了客家前人的智慧结晶,承载了悠久的历史和文化。蔗内南山村是厦门地区为数不多的客家古村落之一,对于研究客家人的南迁、风俗民情、建筑及社会形态有着重要的历史价值。

文/图:陈海生

三、客家村落

客家古迹族规

——翔安区新店镇溪尾村

　　翔安客家溪尾村位于翔安区沿海南北部，东邻九溪彼岸，辖溪尾、浦尾两个自然村。清代属民安里陈塘保，1943 年属仁风乡溪西保，1950 年属第五区普山乡，1955 年属洪钟区。1961 年改称溪尾大队，属新店公社。1984 年改称溪尾村委会，属新店乡。1987 年属新店镇。村位于九溪尾段，故名溪尾。聚落呈南北走向长方块状。现有 228 户，1000 人左右，余姓。

　　客家，是中国汉族的一个庞大的民系共同体，根在中原。在闽地形成的客家，与当地族群和谐相处、和合共生，共同开启了客家人与闽南人相互交流与相互融合之先河，体现了客家人、闽南人的包容性和民族团结和睦的相融性。客家文化是中华民族传统文化交响乐中的动人乐章，是世界文化百花园中的一束奇葩。客家风俗是以汉民族传统为主体的多元文化，具有质朴无华的风格、务实避虚的风度。因此，这种古朴的乡土气息受到世人的瞩目。

　　翔安溪尾村是厦门三大客家古村落之一。溪尾村祖祠的灯号为"下邳衍派"，固然，江苏邳县是溪尾客家祖先的聚居地。村里的老人说，从江苏到

溪尾村余姓祖祠

闽北，进入南靖，走入同安汀溪南山村，最后一支再迁到现在的翔安区新店镇溪尾村。溪尾村客家，即为几百年前南山村的一个分支，从汀溪走出来之后，最后留在溪尾村的余姓仅有五个人。面对四周闽南古村落的包围，仅有五人的外来民带来的客家风俗如同强弩之末，久而久之，渐渐被闽南的风俗所取代。

就闽南客家的"习俗、建筑"两项非物质文化而言，闽南客家语的"九"与"久"同音，因此客家人把"九"作为"吉祥"的象征，有广泛的"崇九"风俗。客家人兴建住宅，择日也要挑选与九相关的日子，如农历初九日、十九日等。"九"在客家人的婚嫁中显得尤为重要，男女双方相亲，一般都选在初九日、十九日、二十九日；聘金尾数要带"九"，如九千九百九十九元；迎亲的队伍也要凑足九人；凡礼品数量也都要"九"方为吉利。在建楼房安横梁的时候，会在横梁边上挂尺子、剪刀与铜镜，寓意平安和一家团圆。可是，现在溪尾村子里却找不到一间客家的建筑和一点客家的风俗。譬如，每逢年俗节，他们也曾过普渡，但吉日却选定"四月初八日"。年复一年，其客家服饰、风俗、建筑风格等均与闽西客家无异，甚至与临近的闽南村子一模一样。溪尾村历代老前辈毫不讳言这一点，而他们的后裔拟组织人员回到祖籍地去寻找一些丢失的客家风俗与族规。

1919年，余平禧的先人就已经从溪尾村迁至小金门上库村居住，至今已有六代，但溪尾村的人说起余平禧却丝毫不陌生。1991年，溪尾客家村重修祠堂时，余平禧先生回来祭祖，善举捐资助修。2000年起，余平禧在金门组织"烈屿慈幼会"，募集善款。他为了让故乡溪尾村的贫困孩子就学而奔波、解囊，处处留下了热心、慷慨的足迹。

除了余平禧，还有很多宗亲隔了若干代之后，仍会回来祭祖、捐资。"溪尾村海外宗亲遍布美国、加拿大和越南，人口近千了"，余红星说，村里的乡老正在通过各种渠道与他们联系。毕竟是同一客家摇篮的子孙，时间和空间无法割断血缘的关系。

古往今来，溪尾村一直是个人才辈出之地。在溪尾村祖祠里，悬挂着三块匾额，即武魁、文魁、进士。原匾尽管在"文革"中已被损毁，但这三块匾额是依原匾复制的。村里的老人协会会长指着匾额，一一告诉前来溪尾客家村游览的亲朋好友："我们的祖先从不逊色，崇祯进士余日新、顺治礼部尚书余一元、宋仁宗年间工部尚书余靖，无论从官职还是学识上，均是翘楚。"

走进溪尾村，一个客家奇特的族规令人难以忘怀。

三、客家村落

余红星先生解说客家族规

话得从头说起，当年走进溪尾村开荒造田、养家糊口的五个人是一家子——客家系民余端好夫妇带着长女余冬娘和两个儿子。他们夜以继日辛勤地在九溪出海口这片土地上耕耘，为了繁衍生息，传宗接代，但月有阴阳圆缺，人有旦夕祸福，夫妇长年累月劳作过度，英年早逝。长女为母的冬娘立誓不嫁，以畜牧、纺织抚养两个弟弟成人，为其建业娶亲，历尽艰辛。当溪尾村在两兄弟的努力下现出雏形的时候，冬娘却撒手人寰。两个弟弟感其恩德，遂立下族规：春秋两祭，先祭姑婆。后裔为这样一位女性制作了"贞孝"匾，因女子灵位不入祖祠，故而匾额挂在祖祠的门口，以此祭拜余冬娘，尊称为"祖姑祖"，永久祭奠，至今不替。

"没有余冬娘，就没有溪尾村"，余红星先生说。旧俗女子不入祖祠，故而匾额挂在门口。这位在农村土生土长并受男权观念影响颇深的老人认为，祭拜这样一位女性，并没有什么不妥。这种客家民间风俗、民间信仰与如今客家生活息息相关，无不展现出独特的风采和魅力，颇具较高的历史价值。

20世纪90年代，当溪尾村的村民知道自己是客家人的时候，他们欣然接受并以此为荣。住在溪尾村的，或从溪尾村里走出去的村民，与其他客家人一样，他们时刻记挂着自己的家乡，无一例外地会回乡祭祖寻宗。

文/图：洪水乾

【后记】

秦汉以后，中原汉人南迁，部分迁至闽南，中原文化与当地原住民文化产生交流、融合，逐步形成独具特色的闽南文化，在文化蕴育的同时，也逐渐形成了有姓氏宗族特点、客家特色以及民族风貌的闽南传统村落。

伴随着城市化的推进，特别是近年来大规模的片区拆迁改造，闽南传统村落的文化特征正在逐步淡化甚至消失，聚居的闽南村落及地方传统文化正在面临消失的风险。传统村落所凝聚的建筑、人文、民俗，其间所蕴涵的传统、气质、精神，是闽南文化的瑰宝，更是其重要的组成部分，保护好浓郁闽南特色的传统村落，对于留住"乡愁"，保持地方文化特性，促进优秀历史文化传承，具有十分重要的意义。

厦门市政协十分重视传统村落的保护，近年来，多次组织政协委员开展保护传统村落的专题调研和视察。在此基础上，从2014年开始，市政协组织厦门市博物馆有关同志和各区政协文史工作者，征编相关文史资料。历时一年多，经过探讨比较和遴选，选取有代表性的32个传统村落，广泛征集资料，认真梳理，编辑成《厦门传统村落》一书，由厦门大学出版社正式出版。相信此举，将对促进文史爱好者了解地方史、广大读者群众热爱地方文化、全社会致力保护传统村落宝贵文化遗产，产生积极有益的影响。

借此感谢厦门市博物馆、市区两级政协，相关文史专家、文史工作者，在传统村落文史资料收集、整理方面给予的多方面的帮助和支持。

编者
2015年12月

图书在版编目(CIP)数据

厦门传统村落/洪卜仁,靳维柏主编. —厦门:厦门大学出版社,2015.12
(厦门文史丛书)
ISBN 978-7-5615-5823-2

Ⅰ.①厦… Ⅱ.①洪… ②靳… Ⅲ.①村落-概况-厦门市 Ⅳ.①K925.75

中国版本图书馆CIP数据核字(2015)第281296号

厦门大学出版社出版发行

(地址:厦门市软件园二期望海路39号　邮编:361008)
总 编 办 电 话:0592-2182177　传真:0592-2181406
营销中心电话:0592-2184458　传真:0592-2181365
网址:http://www.xmupress.com
邮箱:xmup@xmupress.com

厦门集大印刷厂印刷

2015年12月第1版　2015年12月第1次印刷
开本:787×1092　1/16　印张:18　插页:3
字数:310千字　印数:1~2 000册
定价:65.00元

本书如有印装质量问题请直接寄承印厂调换